अम्बिका

अम्बिका

आशुतोष नाड़कर

वाणी प्रकाशन

वाणी प्रकाशन
4695, 21-ए, दरियागंज, नयी दिल्ली 110 002
फ़ोन : +91 11 23273167 फ़ैक्स : +91 11 23275710
शाखाएँ
अशोक राजपथ, पटना 800 004, बिहार
कॉफ़ी हाउस कैम्पस, महात्मा गांधी मार्ग, इलाहाबाद 211 001, उत्तर प्रदेश
महात्मा गांधी अन्तरराष्ट्रीय हिन्दी विश्वविद्यालय, वर्धा 442 001, महाराष्ट्र
36/ए, शेक्सपीयर सरणी, रानी बिरला गर्ल्स कॉलेज के पास, कोलकाता 700 017, प. बंगाल
www.vaniprakashan.com
marketing@vaniprakashan.in
sales@vaniprakashan.in

Ambika
by Ashutosh Nadkar

ISBN : 978-93-5518-818-2
Novel

प्रथम संस्करण 2023

मूल्य : ₹ 325

आर. टेक ऑफ़सेट प्रिंटर्स, दिल्ली-110 032 में मुद्रित

वाणी प्रकाशन का लोगो मक़बूल फ़िदा हुसेन की कूची से

भूमिका

इस पुस्तक को लेकर पूछा जाने वाला सबसे पहला प्रश्न ये होता है कि अम्बिका के किरदार में ऐसा क्या विशेष है कि जो उसे केन्द्र में रखकर कथा लिखी जानी चाहिए। निश्चित ही अम्बिका पात्र महाभारत के सर्वाधिक महत्त्वपूर्ण पात्रों में से एक नहीं है। फिर भी इस पात्र पर ग़ौर किया जाना बेहद आवश्यक है। दरअसल, इस किरदार को जिस अन्याय का सामना करना पड़ा उतना शायद किसी और को नहीं। स्वयंवर सभा से बलपूर्वक हरण व इच्छाविरुद्ध नियोग की विवशता को सहने वाली अम्बिका की पीड़ा की उपेक्षा कदाचित इसीलिए की गयी क्योंकि ये किरदार उतना महत्त्वपूर्ण नहीं है, लेकिन क्या जो महत्त्वपूर्ण नहीं होते उनकी पीड़ा और उनके साथ हुआ अन्याय महत्त्वपूर्ण पात्रों की तुलना में कम होता है। नहीं, और यही वजह है कि कथा को इस पात्र के दृष्टिकोण से देखा जाना बेहद आवश्यक है।

महाभारत के महायुद्ध के कारणों की जब भी विवेचना की जाती है तो द्रौपदी के चीरहरण को सबसे प्रमुख वजह के रूप में देखा जाता है। निश्चित ही पांचाली के साथ हुआ ये अन्याय युद्ध का प्रमुख कारण रहा होगा। पांचाली के अपमान की परिणति तो कुरुक्षेत्र में कौरवों की पराजय के रूप में देखी गयी लेकिन क्या इस महागाथा में स्त्री के साथ हुआ अन्याय केवल पांचाली तक ही सीमित था...? नहीं, वह तो इस कथा में द्रौपदी के आगमन के भी वर्षों पहले ही प्रारम्भ हो गया था। इस उपन्यास के माध्यम से

उसी पीड़ा व अन्याय को देखने की कोशिश की गयी है। उम्मीद है इस प्रयास के ज़रिये पाठक महाभारत के इस सबसे शोषित महिला किरदार अम्बिका की कथा और उसकी व्यथा को महसूस कर पायेंगे।

मैं तहेदिल से शुक्रिया अदा करना चाहता हूँ वाणी प्रकाशन का, जिन्होंने दूसरी बार मुझ पर विश्वास जताया और इस पुस्तक का प्रकाशन किया। मैं आभारी हूँ अभय मिश्रा जी का जिन्होंने इस पुस्तक का पहला ड्राफ्ट पढ़कर न केवल मेरा उत्साह बढ़ाया बल्कि अहम सुझाव भी दिये। शुक्रिया कहना चाहता हूँ मेरी प्यारी मित्र मण्डली का हालाँकि ममता–प्रणय, मनु, प्रशान्त, आकांक्षा जैसे मित्रों के स्नेह को शुक्रिया जैसे लफ़्ज में बाँधना नामुमकिन है।

–आशुतोष नाड़कर

अनुक्रम

अम्बिका	9
नियोग...	11
काशी	16
स्वयंवर में भीष्म...	19
भीष्म–शाल्व युद्ध	26
हस्तिनापुर	29
भीष्म और अम्बा	31
विचित्रवीर्य से विवाह	37
अम्बा की शाल्व से भेंट	39
अम्बा का अग्निस्नान	42
विचित्रवीर्य की मृत्यु	44
सत्यवती	45
वेदव्यास	50
नियोग के पश्चात	62
अम्बालिका और वेदव्यास	68
दासी के गर्भ से विदुर का जन्म	72

धृतराष्ट्र की महत्त्वाकांक्षा का उदय 82
धृतराष्ट्र, पाण्डु व विदुर की शिक्षा 88
गान्धारी 93
संन्यास–आश्रम व देह त्याग 99
अम्बा और शिखण्डी 106

अम्बिका

मैं भी इस महागाथा का भाग हूँ... ये कहानी मुझसे भी होकर गुज़रती है...आप पूछेंगे तुम कौन हो... जो मुझे जानते भी हैं, उनका प्रश्न होगा कि महत्त्व ही क्या है तुम्हारा इस कहानी में... सचमुच... हो सकता है कि इस कहानी में मेरा कोई विशेष महत्त्व या स्थान न हो... लेकिन क्या जो महत्त्वपूर्ण नहीं होते, उनकी पीड़ा महत्त्वपूर्ण लोगों से कम होती है...

महाभारत को आप धर्म और अधर्म के संग्राम के लिए जानते हैं... श्रीकृष्ण के गीतोपदेश के लिए जानते हैं... भीष्म की प्रतिज्ञा के लिए जानते हैं... और कदाचित इन सबसे बढ़कर नारी के अपमान और प्रतिशोध के लिए जानते हैं... द्रौपदी के खुले केशों को दुःशासन की छाती के लहू से धोया गया... नारी के अपमान के लिए ऐसा भयानक दण्ड आने वाली पीढ़ियों को एक कठोर सन्देश और चेतावनी देता रहा है और देता रहेगा... लेकिन फिर भी नारी का अपमान तो पांचाली के पहले से और उसके बाद भी उसी तरह जारी है... अन्तर केवल इतना है कि कुछ पांचालियों के पास भीमसेन जैसे स्वजन हैं, जो दुःशासनों की छाती चीरने और दुर्योधनों की जंघा तोड़ने की क्षमता रखते हैं... लेकिन कई पांचालियाँ ऐसी भी हैं, जिनका प्रतिशोध तो दूर, उनके अपमान या पीड़ा पर चर्चा करना तक वर्जित है... क्यों...? कदाचित् इसलिए कि उनके अपराधी वे लोग हैं, जिनके बारे में सवाल उठाने में भी ये समाज भय खाता है... सहस्रों वर्षों पश्चात् भी समाज की इस स्थिति में किंचित भी बदलाव नहीं आया है... आज भी जब किसी दुर्योधन, दुःशासन या कीचक को जब कोई सामर्थ्यशाली भीमसेन, स्त्री के अपमान के लिए दण्डित करता है तो ये समाज ताली बजाता है... लेकिन द्वैपायन, देवव्रत और मत्स्यगन्धा को कटघरे में खड़ा किया जाये तो यही

समाज कन्नी काट जाता है... क्यों...? कदाचित इसलिए, क्योंकि घोर अन्याय का शिकार हुई स्त्री पांचाली की तरह विदुषी नहीं है, मुखर नहीं है... या इसलिए कि वह कृष्ण की सखी नहीं है, पाण्डवों की पत्नी नहीं है, द्रुपद की पुत्री व धृष्टद्युम्न की बहन नहीं है...? या फिर मुझे न्याय इसलिए नहीं मिल सकता, क्योंकि आरोपों के कटघरे में माननीयों को रख रही हूँ... ? हे कृष्ण! तुम तो उस युग में भी थे और इस कलियुग के भी पालनहार हो... पाँचाली की रक्षा के लिए जो चीर तुमने उसे दिया था, वह कृपा मुझ पर और मेरे जैसी सैकड़ों, हज़ारों, लाखों पर क्यों नहीं...?

जो अब भी मुझे नहीं पहचान सके हैं उन्हें अवगत् करा दूँ कि मेरा नाम अम्बिका है... वही अम्बिका, जिसकी इस गाथा में नेत्रहीन धृतराष्ट्र को जन्म देने के सिवाय कोई भूमिका ही दिखाई नहीं देती... लेकिन जो लोग महत्त्वपूर्ण नहीं होते, उनकी बातें भी महत्त्वहीन हों यह आवश्यक नहीं है... आप यह भी सोच सकते हैं कि अम्बिका जैसी महत्त्वहीन, मौन और लिजलिजे किरदार की बिसात ही क्या है... और आज क्यों... सहस्रों वर्षों पश्चात आज ही क्यों... अब तक कहाँ थी... क्यों मौन साध रखा था...? सच पूछिए तो मेरे पास आपके इन सवालों का कोई उत्तर है भी नहीं... कदाचित् इन सवालों के भय से ही अब तक मैं मुखर होने का साहस नहीं कर पायी... आज ये साहस कैसे और कहाँ से आया, इसका उत्तर भी मेरे पास नहीं है... मैं अपनी व्यथा इसलिए साझा नहीं कर रही हूँ कि मुझे अपने लिए सहानुभूति या आरोपियों के लिए दण्ड चाहिए... सहस्रों वर्षों पश्चात् ही सही, लेकिन ये एक प्रयास है सच को नग्न रूप में या फिर कहें कि बिना किसी लाग-लपेट के आपके न्यायालय में रखने का... उद्देश्य है कि कदाचित मेरी कहानी सुनकर आने वाली पीढ़ी अपने साथ हुए अन्याय का समय रहते ही प्रतिकार कर सकेगी...

नियोग...

भीष्म जिस उद्देश्य से हम तीनों बहनों को हाँक कर लाया था, वह अभी भी पूरा नहीं हो सका था... अम्बा दीदी ने हमारे हरण के पश्चात् उत्पन्न परिस्थियों से जमकर संघर्ष किया, लेकिन आख़िरकार अग्निस्नान करके अपने प्राण दे दिये... जिस व्यक्ति के लिए हम तीनों राजकुमारियों का हरण किया गया था, उसके रोगी और भोगी शरीर को आत्मा ने त्याग दिया था... सम्राट विचित्रवीर्य को स्वर्गप्राप्ति हुई या नहीं, यह तो मुझे पता नहीं था, लेकिन मृत्युलोक से उनका प्रयाण हो चुका था... प्रयाण से पूर्व वे मेरे व अम्बालिका के गर्भ में अपने वंश का बीज डालने में भी असफल ही रहे थे... सम्राट विचित्रवीर्य के जाने के बाद मेरे और अम्बालिका के शरीर पर भी उसी तरह के वस्त्र थे जो राजमाता सत्यवती धारण करती थी।

सम्राट विचित्रवीर्य की मृत्यु के पश्चात् मैंने काफ़ी प्रयास किया कि मैं शोक के सागर में डूब जाऊँ... मैं ये अनुभव करूँ की मेरा सर्वस्व चला गया है... लेकिन काफ़ी प्रयास के बाद भी मुझे ऐसी अनुभूति नहीं हो सकी... शोक के किसी दूसरे सागर में डूबने से पूर्व पहले सागर से निकलना तो आवश्यक है न... लेकिन मैं तो स्वयंवर के दिन से जब मेरा और मेरी दो बहनों का हरण हुआ, तभी से शोक के सागर में डूबी थी... विचित्रवीर्य, जिसे बलात् मेरा और अम्बालिका का पति बनाया गया उसे लेकर कभी मेरे मन में भावनाओं के अंकुर फूटे ही नहीं थे, तो भला उसकी मृत्यु की वेदना मेरे हृदय तक कैसे पहुँचती... पति के देहावसान के बावजूद दुखसागर में न डूबने की अपनी आत्मग्लानि से मैं जूझ रही थी... कि दासी ने मुझे एक ऐसी सूचना दी जिसने मेरे होश ही उड़ा दिये...

मैं सोच रही थी कि बाहुबल के आगे नतमस्तक होकर जिसे हमें पति स्वीकार करना पड़ा, उसकी मृत्यु का शोक मुझे भले ही न हो पर जन्मदात्री माँ के लिए तो युवा पुत्र का जाना असह्य दुख का कारण होगा... लेकिन लगता है कि राजघरानों के लोग किसी अन्य ही मिट्टी के बने होते हैं... दासी ने सूचना दी कि राजमाता हस्तिनापुर को नया राजा/युवराज देने की चिन्ता में दिन रात डूबी हुई हैं। दासी की इस सूचना पर मुझे आश्चर्य तो हुआ, लेकिन मैंने कहा—"राजमाता की चिन्ता उचित ही है, राजमाता के लिए हस्तिनापुर के राजसिंहासन का उत्तराधिकारी खोजना भी महत्त्वपूर्ण है... लेकिन उन्हें भी ज्ञात ही होगा कि सम्राट विचित्रवीर्य की मृत्यु के पश्चात ये कदापि सम्भव नहीं है।"

यह दासी मेरी विश्वस्त थी... उसने चेतावनी भरे स्वर में मुझे संकेत किया—"देवी, यह काशी नहीं हस्तिनापुर है... आर्यावर्त के सबसे सम्पन्न और सामर्थ्यशाली इस राजघराने में सिंहासन का उत्तराधिकारी प्राप्त करने के लिए क्या हो सकता है, इसका कदाचित् आपको अनुमान भी नहीं है।"

"स्पष्ट कहो सुलभा क्या कहना चाहती हो तुम।" इस बार मैंने दासी को काफ़ी अपनेपन से उसके नाम से सम्बोधित करते हुए कहा।

सुलभा ने काफ़ी मन्द स्वर में मुझसे प्रश्न किया—"नियोग के बारे में सुना है आपने...?"

'नियोग' इस शब्द को सुनते ही मैं चौंक गयी। ऐसा नहीं है कि नियोग की प्रक्रिया के बारे में मुझे बिल्कुल जानकारी नहीं थी; अतिविशिष्ट परिस्थितियों में सन्तान उत्पत्ति के लिए इसके बारे में मैंने सुन रखा था... लेकिन कम-से-कम काशी में तो इस प्रक्रिया को बहुत सम्मानजनक नहीं समझा जाता था... नियोग के माध्यम से सन्तान उत्पन्न करने वाली कोई स्त्री मेरी जानकारी में तो नहीं थी। 'नियोग' इस शब्द को सुनते ही मेरी आत्मा काँप उठी। मैंने सुलभा से पूछा—"क्या रिक्त पड़े हस्तिनापुर राजसिंहासन को उत्तराधिकारी देने के लिए मुझे नियोग का सहारा लेना पड़ेगा...?"

मेरे प्रश्न पर सुलभा ने चुप्पी साध ली। मैं समझ सकती थी कि राजप्रासाद की इस तरह की गोपनीय बातों की चर्चा दासियों के लिए उचित नहीं समझी जाती थी, लेकिन मेरे स्नेह और विश्वास दिलाने पर

सुलभा को पिघलने में समय नहीं लगा और जो कुछ भी उसे मालूम था उसने सविस्तार मुझे सुना दिया।

सुलभा तो अपनी बात कहकर चली गयी, लेकिन मेरे मन में विचारों के चक्रवात उठने लगे। सम्राट को गुजरे तो अभी ज़्यादा समय भी नहीं बीता है। मुझे तो लगा था कि राजमाता अभी पुत्रशोक से ही नहीं उबर पायी होंगी, लेकिन यहाँ तो राजमाता किसी और ही उधेड़बुन में जुटी हैं। सुलभा ने बताया कि राजमाता और भीष्म के मध्य ये चर्चा वाद-विवाद के स्तर तक पहुँच गयी थी... यही कारण रहा कि राजमाता के निजी कक्ष में हुई इस वार्ता के कुछ शब्द सुलभा के कानों तक भी जा पहुँचे थे।

पहला उच्च स्वर भीष्म का था–"नहीं... माता ये कदापि सम्भव नहीं है; मैंने हस्तिनापुर की सुरक्षा की प्रतिज्ञा की है, वह मैं आजीवन निभाता रहूँगा; आप आदेश करें तो मैं दिग्विजय अभियान कर जम्बूद्वीप के समस्त राजाओं के किरीट आपके चरणों में प्रस्तुत कर दूँगा, लेकिन जो आदेश आप दे रही हैं उसका पालन करना मेरे वश में नहीं है।"

अगला स्वर सत्यवती का था–"आख़िर क्यों सम्भव नहीं है? हस्तिनापुर की सुरक्षा का दायित्व तुमने लिया है तो क्या सिंहासन के लिए उत्तराधिकारी देना तुम्हारा दायित्व नहीं है? मेरा विचित्रवीर्य और चित्रांगद दोनों ही इस दुनिया में नहीं है, भले ही तुम विचित्रवीर्य के सौतेले भाई हो, लेकिन मैं अम्बिका से नियोग के लिए तुमसे नहीं तो किससे कहूँ... पुत्र, नियोग विशिष्ट परिस्थितियों में सन्तानोत्पत्ति के लिए शास्त्रसम्मत विधि है, इसमें कुछ भी अनुचित नहीं है; तुम्हारी धमनियों में महाराज शान्तनु का रक्त है... कुरुवंश का रक्तबीज अगली पीढ़ी तक पहुँचे यह तुम्हारी भी जिम्मेदारी है और तुम्हें यह जिम्मेदारी पूरी करनी ही होगी।"

भीष्म ने कहा–"विशेष परिस्थियों में नियोग की अनुमति शास्त्र प्रदान करते हैं, यह बात मैं स्वीकार करता हूँ, लेकिन मैं इसका उपकरण कैसे बन सकता हूँ; माता... आपको भली–भाँति विदित है कि मैंने ईश्वर को साक्षी मानकर आजीवन ब्रह्मचर्य की प्रतिज्ञा की है, ऐसे में नियोग का प्रयोग मेरे माध्यम से अम्बिका पर करने का प्रश्न ही नहीं उठता कि उचित होगा की आप मुझे क्षमा करें और इस कार्य के लिए किसी दूसरे पुरुष को नियुक्त करें।

"मत भूलो पुत्र कि आजीवन अविवाहित रहने और ब्रह्मचर्य के पालन की प्रतिज्ञा तुमने जिस उद्देश्य के लिए की थी, वह उद्देश्य ही अब शेष नहीं है, जिन महाराज शान्तनु की ख़ुशी के लिए तुमने यह प्रतिज्ञा की थी, वे अब इस दुनिया में नहीं हैं और चित्रांगद और विचित्रवीर्य के बाद मेरी वंशावली भी समाप्त हो चुकी है, ऐसे में तुम्हारी प्रतिज्ञा का क्या औचित्य रह जाता है?" सत्यवती ने भीष्म से अपनी प्रतिज्ञा समाप्त करने का आग्रह किया तो उन्होंने कहा...

''माता, मैंने यह प्रतिज्ञा धरती, आकाश, देवताओं और गणों को साक्षी मानकर की थी; अब जब तक इस धरा का अस्तित्व है, मेरी प्रतिज्ञा का भी अस्तित्व है, प्रतिज्ञा का त्याग करना अब किसी भी स्थिति में सम्भव नहीं है; इसी प्रतिज्ञा ने मुझे देवव्रत से भीष्म बनाया है और प्रतिज्ञा का त्याग इस जीवन में सम्भव नहीं है; वैसे भी माते मेरी आयु अब नाती–पोतों को खेलाने की हो गयी है; अम्बा का श्राप झेलकर भी मैं अपनी प्रतिज्ञा पर अडिग रहा हूँ तो भला अब प्रतिज्ञा को कैसे त्याग सकता हूँ; क्षमा करें माते, पहली और कदाचित् अन्तिम बार आपकी आज्ञा का पालन करने में समर्थ नहीं हूँ, आप अम्बिका से नियोग के लिए किसी दूसरे पुरुष को नियुक्त करें।" भीष्म ने हाथ जोड़कर सत्यवती से कहा।

"यह तुम्हारा अन्तिम निर्णय है, तो तुम जा सकते हो।" सत्यवती के स्वर में गहरा रोष थ। भीष्म उन्हें प्रणाम कर कक्ष से बाहर निकल गये।

सुलभा के मुँह से इस पूरी वार्ता का विवरण सुनकर मुझे क्रोध तो बहुत आया, लेकिन एक सन्तुष्टि भी थी कि भीष्म ने नियोग के लिए स्पष्ट तौर पर अस्वीकृति दे दी है, लेकिन कैसा राजपरिवार है यह? क्या यहाँ रानी को सन्तानोत्पत्ति, वह भी केवल पुत्रोत्पत्ति का साधन मात्र समझा जाता है... क्या स्त्री का अस्तित्व केवल सन्तानोत्पत्ति के किसी यन्त्र के रूप में है... विशिष्ट परिस्थितियों में अपनाई जाने वाली नियोग पद्धति पर यहाँ राजमाता और भीष्म विवाद कर रहे थे, लेकिन किसी ने इस जटिल प्रक्रिया में संलग्न रहने वाली इस हाड़–मांस की अम्बिका से कोई चर्चा नहीं की। अपवादस्वरूप नियोग को मान्यता भले ही हो, लेकिन जिस स्त्री पर इसका प्रयोग किया जा रहा हैं... क्या उसकी सहमति की आवश्यकता भी नहीं है... और जिस नियोग के लिए सम्बन्धित स्त्री की सम्मति न हो

उसे भला क्या संज्ञा दी जाये...? स्त्री की इच्छा के विरुद्ध स्थापित किया गया सम्बन्ध बलात् ही तो कहा जाता है। तर्क दिया जा सकता है कि इस नियोग का उद्देश्य कामवासना की पूर्ति नहीं बल्कि सन्तोनोत्पति है... वह भी एक विशाल राज्य को उसका उत्तराधिकारी देने के लिए। इस तर्क के आधार पर स्त्री को विवश कर बनाये गये सम्बन्ध पर पवित्रता की चाशनी भले चढ़ाई जा सकती है, लेकिन वास्तव में नियोग को धर्मसम्मत तभी माना जा सकता है जब स्त्री की इसमें पूर्ण सहमति हो। लेकिन राजमाता ने तो इस बारे में मुझसे कभी चर्चा ही नहीं की, भीष्म ने भी नियोग के लिए नकार इसलिए दिया था क्योंकि वे ब्रह्मचर्य की प्रतिज्ञा से बँधे थे... कितनी सरलता से उन्हें कह दिया गया कि राजमाता अम्बिका से नियोग के लिए किसी दूसरे पुरुष को नियुक्त करें, मानों अम्बिका कोई मनुष्य या स्त्री न होकर पुत्रोत्पति के लिए बनाया गया कोई मांस का पिण्ड हो... वैसे भी जिस राजवंश में एक साथ तीन राजकुमारियों को बलात् हरण कर भेड़–बकरियों की भाँति हाँक लाया गया हो, वहाँ इसकी उम्मीद करना भी बेमानी था।

वैसे तो हस्तिनापुर राजभवन की चारदीवारी कभी भी मुझे सुरक्षित होने की अनुभूति नहीं दे सकी थी... और सुलभा की बातें सुनकर तो मन और भी घबराने लगा, जिस दिन से मुझे, अम्बा और अम्बालिका को हरण कर लाया गया था, तभी से मेरी स्थिति उस क़ैदी के समान थी जिसे आवश्यकता की हर वस्तु तो उपलब्ध थी, लेकिन स्वतन्त्रता हर ली गयी थी। 'नियोग' इस शब्द ने मेरी चिन्ता को बढ़ा दिया था और एक अज्ञात भय ने मेरे हृदय में स्थायी रूप से घर बना लिया था... इस भय का परिणाम अब मेरे स्वास्थ्य पर भी दिखाई देने लगा था... मुझे ज्वर ने घेर लिया... तपती देह का ताप तो मैं सहन कर लेती थी, लेकिन विचारों के समुद्र में जो ज्वार आया था वह मेरे लिए बेहद कष्टकारी था।

काशी

मुझे हस्तिनापुर आये एक वर्ष पूर्व हो चुका था। यह एक वर्ष मेरे लिए एक सदी के समान था। जन्मभूमि काशी से सम्पर्क पूरी तरह से टूट चुका था... लेकिन काशी में बिताये सोलह वर्षों की स्मृतियाँ अवश्य मेरे मन मस्तिष्क में संगृहीत थीं। शायद इन मधुर स्मृतियों के कारण ही हस्तिनापुर के दमघोंटू वातवरण में भी मैं जीवित थी। हस्तिनापुर की तुलना में काशी एक छोटा व कम शक्तिशाली राज्य था। काशी के कोषागार में रत्न, माणिक्य, कंचन व हीरे–मोती के भण्डार भले ही न हों, लेकिन बाबा विश्वनाथ की कृपा इस नगरी पर थी; उन्हीं के आशीर्वाद से अध्यात्म व ज्ञान की इस नगरी में कोई भूखा नहीं सोता था; प्यास बुझाने के लिए गंगा का शीतल व मीठा जल था ही। मेरे पिता राजा इन्द्रद्युम्न को लोग उनके नाम से कम और काशीराज के रूप में ही ज़्यादा जानते थे।

राजा इन्द्रद्युम्न का कोई पुत्र नहीं था, लेकिन उनकी ज्येष्ठ पुत्री यानि मेरी बड़ी बहन अम्बा ने मानो राजकुमार की कमी पूरी कर दी थी। पिताश्री ने अम्बा को उन सारी विद्याओं में प्रशिक्षित किया था जो राजकुमारों को सिखाई जाती थीं। खड्ग संचालन से लेकर आधुनिक धनुर्विद्या भी वह भली–भाँति जानती थी... बिगड़ैल-से-बिगड़ैल अश्व को भी वह कुछ ही क्षणों में अपने नियन्त्रण में ले सकती थी... वेद, पुराण व उपनिषद उसे कण्ठस्थ थे... धर्म और नीति के विषयों पर वह महाराज व उनकी सभा के विद्वानों से शास्त्रार्थ किया करती थी।

वैसे तो पिता महाराज ने शिक्षा और प्रशिक्षण की जो व्यवस्था अम्बा दीदी के लिए की थी वही मेरे और अम्बालिका के लिए भी उपलब्ध थी, लेकिन हमारी शिक्षा अभी प्रारम्भिक दौर में ही थी, क्योंकि शस्त्र हों या

फिर शास्त्र, उनका स्तर हमसे कहीं ऊपर था। दीदी मुझसे 10 वर्ष ज्येष्ठ थी और अम्बालिका मुझसे दो वर्ष छोटी थी। अम्बालिका और मुझ में आयु का अन्तर कम होने के कारण हम दोनों अक्सर छोटी–छोटी बातों पर लड़ते–झगड़ते रहते थे और दीदी ही हमारा झगड़ा सुलझाया करती थी; हमारी शैतानियों पर कान उमेठने का भी उसे पूरा अधिकार थी। मुझे अक्सर लगता था कि अम्बा दीदी मुझसे और अम्बालिका से कहीं श्रेष्ठ और प्रखर हैं, लेकिन दीदी कहती थीं कि हम (मैं और अम्बालिका) अभी छोटी हैं, समय आने पर हम दोनों भी उन सभी विधाओं में पारंगत हो जायेंगी जिनमें दीदी की कुशलता अतुलनीय है।

दीदी के विवाह के विषय में माँ और पिताजी में अक्सर विवाद होता ही रहता था। माँ चाहती थी कि किसी योग्य वर को देखकर दीदी को शीघ्र विवाह-बन्धन में बाँध दें। किशोरावस्था में आने के पश्चात् कन्या का विवाह न करना उनकी दृष्टि में बिल्कुल अनुचित था... वहीं महाराज इन्द्रद्युम्न पिता होने के साथ–साथ एक राजा भी थे। उनका विचार था कि पुत्र न होने की कमी उनकी ज्येष्ठ पुत्री पूरी कर सके। उनके विचार में अम्बा में वह सारी योग्यता थी जो काशी जैसे राज्य के शासक में होनी चाहिए। वे चाहते थे कि अम्बा उनके सान्निध्य में रहकर राज्य का सारा कार्यभार सँभाल ले। आर्यावर्त के इतिहास में किसी राजा ने अपनी पुत्री को राज्य का उत्तराधिकारी नहीं बनाया था, लेकिन पिता महाराज इस परम्परा को तोड़कर एक नया उदाहरण प्रस्तुत करना चाहते थे। शायद इसीलिए उन्होंने अम्बा का पालन–पोषण भी राजकुमारों की ही तरह किया था।

ऐसा नहीं था कि उन्हें अम्बा के विवाह की चिन्ता नहीं थी। वे भी कदापि नहीं चाहते थे कि अम्बा आजीवन अविवाहित रहकर काशी की बागडोर सँभाले, अम्बा के रूप और गुणों की ख्याति सम्पूर्ण आर्यावर्त में फैलती जा रही थी। यही कारण था कि कई राज्यों से अम्बा के विवाह के लिए प्रस्ताव भी आ रहे थे, लेकिन महाराज, अम्बा दीदी से विमर्श कर प्रत्येक प्रस्ताव को यह कहकर विनम्रता से टाल देते थे कि राजकुमारी अभी विवाह के लिए तैयार नहीं है... हर बार विवाह प्रस्ताव को टाल देना माँ को नहीं सुहाता था; उनका मत था कि महाराज और अम्बा दीदी की मनमानी के चलते उनके विवाह में अनावश्यक विलम्ब हो रहा है।

पूरे आर्यावर्त में अपने सौन्दर्य, वीरता और विद्वता की धाक जमा चुकी राजकुमारी अम्बा को लेकर पिताश्री की योजना क्या थी ये तो मुझे विदित नहीं था, किन्तु ये तो निश्चित था कि वे अम्बा दीदी को केवल बड़े राजवंशों में ब्याहकर उन राज्यों की शोभा बढ़ाने या सन्तानोत्पति का साधन कदापि नहीं बनने देना चाहते थे। कदाचित् पिताश्री ने अम्बा के विवाह के सम्बन्ध में पहले से ही कुछ सोच रखा था, तभी वे हमेशा माँ को पूरे आत्मविश्वास के साथ मुस्कुराते हुए कह पाते थे कि अम्बा के विवाह के विषय में तनिक भी चिन्ता न करो, उसे बहुत अच्छा वर मिलेगा और क्या पता वह वर हमारी नज़रों के सामने ही हो। पिता महाराज की इस बात पर दीदी के मुख पर भी एक हल्की मुस्कान आ जाती थी। इस मुस्कान का कारण उस वक्त तो मेरी समझ में नहीं आता था, लेकिन अब अवश्य समझ पाती हूँ कि उनके हृदय में क्या था।

काशी के निकटवर्ती राज्यों में सौबल, जिसे सौभ देश के नाम से पहचाना जाता था बसा हुआ था। सौबल राज्य के काशी से सम्बन्ध काफ़ी मैत्रीपूर्ण थे। इस देश के राजकुमार शाल्व अक्सर राजकार्य के सम्बन्ध में महाराज इन्द्रद्युम्न के पास आया करते थे। काशी के राजकीय क्रियाकलापों में राजकुमारी अम्बा की भी सक्रिय भूमिका हुआ कहती थी। शाल्व राजकुमार एक बेहद सुदर्शन और विनम्र युवक थे। कालान्तर में वे राजकुमार से शाल्वराज के रूप में पहचाने जाने लगे थे। निरन्तर सम्पर्क में रहने के कारण शाल्वराज और अम्बा के बीच कब प्रेमांकुर फूटे इसका शायद उन्हें भी पता ही नहीं चला।

समय बीतने के साथ अब मैं और अम्बालिका भी किशोरावस्था में प्रवेश कर रहे थे। माँ को अम्बा के साथ–साथ मेरे और अम्बालिका के विवाह की चिन्ता भी सताने लगी थी। अम्बा दीदी 27 वर्ष की हो चुकी थी। मेरी आयु 17 और अम्बालिका भी 15 वर्ष पूरे कर चुकी थी। अम्बा और शाल्वराज का प्रणय प्रसंग अब पिताश्री के साथ–साथ माँ को भी भली–भाँति ज्ञात हो चुका था। इस सम्बन्ध को लेकर माँ को कोई आपत्ति तो न थी, लेकिन विवाह का शुभकार्य शीघ्रातिशीघ्र सम्पन्न हो इस बात की रट वह लगातार लगाये थीं।

स्वयंवर में भीष्म...

उधर, राज ज्योतिषी का कहना था कि आगामी छह मास तक कोई उत्तम मुहूर्त नहीं है। महाराज के मन्त्रिमण्डल का मत था कि राजकुमारी अम्बा के लिए इतने राजवंशों से प्रस्ताव आ चुके हैं कि बिना स्वयंवर आयोजित किये उनका विवाह सम्पन्न करा देना राजनीतिक दृष्टि से उचित नहीं होगा। माँ की अभिलाषा थी कि अम्बा के विवाह में जिस प्रकार विलम्ब हुआ है वैसा विलम्ब अम्बिका व अम्बालिका के विवाह में कदापि न हो। काफ़ी विचार–विमर्श के बात तय हुआ छह मास की अवधि बीतते ही प्रथम शुभ मुहूर्त पर तीनों राजकुमारियों का स्वयंवर एक साथ ही आयोजित किया जायेगा। महाराज ने तीनों राजकुमारियों को 'वीर्यशुल्का' घोषित नहीं किया था... अर्थात् स्वयंवर में कोई ऐसी प्रतियोगिता नहीं रखी गयी थी जिसे जीतकर राजकुमारियों को प्राप्त किया जा सके... बल्कि अपने वर का चयन करने की स्वतन्त्रता हमारे पास थी। यह तो निश्चित था कि अम्बा दीदी की वरमाला शाल्वराज के कण्ठ के लिए ही बनी थी, लेकिन मेरे और अम्बालिका के लिए चुनाव कठिन हो सकता था। हमारी सखियाँ और परिचारिकाएँ हमें स्वयंवर के प्रतिभागी राजकुमारों के बारे में कई महत्त्वपूर्व और रोचक जानकारियाँ दे रही थीं।

कौन-से राज्य का राजकुमार देखने में कितना सुदर्शन है, उसने कौन से वीरोचित कार्य किये हैं। किसे कौन सी कला में महारत प्राप्त है... इसकी सूचना हमें लगातार मिल रही थी... अम्बालिका और मुझ तक ये सभी सूचनाएँ पहुँचाने का उद्देश्य केवल यही था कि हम अपनी समझ से स्वयंवर में किसी सुयोग्य राजकुमार का वरण कर सकें।

छह मास की अवधि स्वयंवर जैसे विशाल कार्यक्रम को आयोजित करने के लिए पर्याप्त थी, लेकिन उस समय महाराज इन्द्रद्युम्न और हम तीनों बहनों ने कल्पना भी नहीं की थी स्वयंवर के आयोजन का ये निर्णय हमारे दुर्भाग्य का कारण बन जायेगा।

स्वयंवर के लिए निकटवर्ती व दूर देश के राज्यों को आमन्त्रण भेजे जा रहे थे। स्वयंवर में भाग लेने वाले सम्भावितों की सूची बनायी जा रही थी... कलिंग, कौशल, पांचाल, वत्स, मगध, चेदि, मत्स्य, विराट, सौबल सहित कई राज्यों व उपराज्यों के क्षत्रिय स्वयंवर में भाग लेने आ रहे थे। इसी दौरान हस्तिनापुर की भी चर्चा हुई। पिताश्री हस्तिनापुर को आमन्त्रण भेजे जाने के पक्ष में नहीं थे... हालाँकि काशी और हस्तिनापुर का सम्बन्ध कई पीढ़ियों पुराना था... बरसों पहले काशी की राजकुमारी सुनन्दा का विवाह हस्तिनापुर नरेश प्रतीप से हुआ था। महाराज इन्द्रद्युम्न की बहन यानी मेरी बुआ से देवव्रत भीष्म के विवाह का प्रस्ताव भी हस्तिनापुर भेजा गया था, लेकिन हस्तिनापुर ने इस प्रस्ताव को स्वीकार नहीं किया। काशीराज ने इसे अपने अपमान के रूप में देखा और तभी से हस्तिनापुर के सम्बन्ध में उनका मन कसैला हो गया था; हालाँकि बाद में विदित हुआ की विवाह प्रस्ताव की अस्वीकृति के पीछे कारण भीष्म की ब्रह्मचर्य की प्रतिज्ञा रही थी।

हस्तिनापुर में पूर्व महाराज शान्तनु वैकुंठवासी हो चुके थे। उनकी दूसरी पत्नी सत्यवती का ज्येष्ठ पुत्र चित्रांगद एक गन्धर्व के हाथों हाल ही में मारा गया था; दूसरा पुत्र विचित्रवीर्य किशोरवस्था में प्रवेश कर चुका था, लेकिन उसके बारे में कहा जाता था कि कम उम्र में भोग के आधिक्य ने उसे रोगी बना दिया है और वह विवाहित जीवन के योग्य ही नहीं है। ऐसी स्थिति में हस्तिनापुर को स्वयंवर के लिए आमन्त्रण भेजे जाने का कोई औचित्य नहीं था। हस्तिनापुर को निमन्त्रण न भेजे जाने का असर उनके राजनीतिक सम्बन्धों पर पड़ सकता है इसका अन्देशा तो काशीराज को था, लेकिन ये तो स्वप्न में भी नहीं सोचा था कि परिणाम रक्तरंजित स्वयंवर के रूप में भी सामने आ सकता है...

स्वयंवर की सारी तैयारियाँ पूरी हो गयी थीं। कई देशों से दर्जनों राजा–राजकुमार अपने लाव लश्कर के साथ काशी के अतिथि बने हुए थे।

महाराज इन्द्रद्युम्न स्वयं राज्य के उच्च अधिकारियों के साथ आतिथ्य का दायित्व सँभाले थे। काशी में विशाल स्वयंवर सभा का निर्माण किया गया था। यहाँ सभी राजपुरुषों के बैठने के लिए समुचित स्थान थे। स्वयंवर का दिन आ ही गया। काशी का सौन्दर्य और रौनक आज देखते ही बनती थी। नगर के प्रत्येक प्रवेशद्वार से राजभवन तक पहुँचने वाला मार्ग पुष्पों से आच्छादित था। हर मार्ग पर जगह–जगह वन्दनद्वार लगाये गये थै दसों दिशाओं में मांगलिक संगीत के स्वर गूंज रहे थे। पूरा काशी मानों उत्सव में डूबा हुआ था। स्वयंवर सभा सज चुकी थी और महाराज से संकेत पाकर राजपुरोहित ने आमन्त्रित राजपुरुषों का परिचय देने का क्रम आरम्भ ही किया था कि मुख्य द्वार पर कुछ कोलाहल सुनाई दिया। खड्गों के आपस में टकराने की ध्वनियाँ उत्पन्न हुई। हम कुछ समझ पाते इससे पूर्व ही सेना की एक छोटी-सी टुकड़ी के रूप में कुछ लोगों ने स्वयंवर सभा में प्रवेश किया। स्पष्ट था कि ये लोग स्वयंवर में आवांछित थे और बलपूर्वक यहाँ तक पहुँचे थे। सारी सुरक्षा को भेदकर स्वयंवर-सभा तक पहुँचना असम्भव जान पड़ता था। ऐसे में ये लोग कौन हैं, जो हर सुरक्षा चक्र को तोड़कर यहाँ तक आ पहुँचे हैं। अवगुण्ठन में राजस्त्रियों के मध्य बैठी हम तीनों बहनें यह विचार कर ही रही थीं कि आक्रमणकारियों में एक व्यक्ति का उच्च स्वर स्वयंवर सभा गूँजा... ये व्यक्ति आक्रमणकारी दल का प्रमुख ज्ञात हो रहा था।

श्वेत धवल वस्त्र धारण किये, इस व्यक्ति के मस्तक पर रजत किरीट सुशोभित था। रजत-मुकुट संकेत कर रहा था कि घुसपैठियों का यह प्रमुख किसी देश का राजा या राजकुमार नहीं था, क्योंकि आर्यावर्त के राजपुरुष सामान्यतः स्वर्ण मुकुट ही धारण करते थे। उसने योद्धा का वेश धारण किया हुआ था... ऊँची कद-काठी, सुगठित शरीर और निर्भय वाणी उसके व्यक्तित्व को बेहद प्रभावी बना रहे थे, लेकिन उसकी वेशभूषा और आयु देखकर लग रहा था कि वह स्वयंवर में प्रतिभागी के रूप में नहीं आया है।

हिमालय की तरह विराट और दिव्य दिख रहे इस व्यक्ति ने महाराज इन्द्रध्युम्न को संबोधित करते हुए गर्जना की–"काशीराज तुमने इस स्वयंवर में हस्तिनापुर को आमन्त्रित न कर हमारा बहुत अपमान किया है।"

उसके स्वर में आक्रोश स्पष्ट झलक रहा था... अकस्मात् उत्पन्न हुई इस स्थिति से पिताश्री की असमंजस में पड़ गये थे। उन्होंने कहा—"गंगापुत्र भीष्म, स्वयंवर में आमन्त्रित न करना अपमान का विषय किस प्रकार हो सकता है; किसी भी मांगलिक आयोजन में किसे आमन्त्रित किया जाये और किसे नहीं ये पूर्णतः आतिथेय की इच्छा पर निर्भर होता है।"

'गंगापुत्र भीष्म' पिताश्री के मुँह से ये सम्बोधन निकलते ही हम तीनों बहनों का हृदय जोरों से धड़कने लगा। भीष्म को सम्पूर्ण आर्यावर्त के सर्वश्रेष्ठ योद्धा के रूप में पहचाना जाता था, लेकिन भीष्म तो ब्रह्मचर्य की प्रतिज्ञा ले चुके थे और अब तो उनकी युवावस्था भी बीत चुकी थी... तो क्या अधेड़ावस्था में भीष्म कमज़ोर प्रमाणित हुए हैं और उनमें विवाह की आकांक्षा जाग उठी है। देखने से तो भीष्म वय में पिताश्री से कुछ ही वर्ष छोटे जान पड़ते हैं। मैं यह सोच ही रही थी कि अतिथि राजपुरुषों ने भीष्म पर व्यंग्य-बाण छोड़ना शुरू कर दिये। कलिंग के राजा ने चुटकी लेते हुए कहा—"लगता है कि ब्रह्मचर्य की भीष्म-प्रतिज्ञा करने वाले देवव्रत से अब इस प्रतिज्ञा का ताप सहन नहीं हो रहा है।" कौशल नरेश ने जोरदार ठहाका लगाते हुए कहा—"राजकुमारी अम्बा के सौन्दर्य की ख्याति ही कुछ ऐसी है कि अच्छे—अच्छे ब्रह्मचारी भी अपना ब्रह्मचर्य त्याग दें। इसमें बेचारे गंगापुत्र का क्या दोष है?" कौशल नरेश की बात सुनकर इतनी गम्भीर स्थिति में भी राजकुमारी अम्बा के मुख पर मुस्कुराहट आ गयी। पूरी स्वयंवर सभा ठहाकों से गूँज उठी। भीष्म का मुख क्रोध से तमतमा रहा था... उसने उच्च स्वर में कहा—"कलिंग और कौशल के राजपुरुषों। चाहूँ तो मैं इसी समय तुम्हें तुम्हारी वाचालता का दण्ड दे सकता हूँ, लेकिन मैं यहाँ किसी अन्य उद्देश्य से आया हूँ..."

भीष्म की बात को बीच में ही काटकर महाराज इन्द्रद्युम्न ने कहा—"क्षमा करें गंगापुत्र... उद्दण्ड व्यवहार तो आप कर रहे हैं। हर पिता को यह अधिकार है कि वह अपनी पुत्री की मंशानुसार उसका विवाह किसी योग्य पुरुष से कर सके। जहाँ तक हस्तिनापुर को आमन्त्रित किये जाने का प्रश्न है, मेरी जानकारी में आप स्वयं ब्रह्मचर्य से बँधे हुए थे और विचित्रवीर्य से अपनी किसी भी पुत्री के विवाह करने में मेरी सहमति नहीं है, इसीलिए हस्तिनापुर को निमन्त्रण नहीं भेजा गया; अगर आपने अपने ब्रह्मचर्य की

प्रतिज्ञा को त्याग दिया हो तो मैं अभी भी आपको हाथ जोड़कर स्वयंवर में स्थान ग्रहण करने का विनम्र आग्रह करता हूँ।" पिताश्री के स्वर में भीष्म के लिए चेतावनी भी थी और वाणी में व्यंग्य भी था।

भीष्म के चेहरे पर क्रोध को देख लग रहा था कि अब उनके लिए यहाँ ठहरना मुश्किल हो रहा है। सभी सोच रहे थे कि अब भीष्म भी इस स्वयंवर के प्रतिभागी बन जायेगे, लेकिन भीष्म तो कुछ और ही योजना लेकर आये थे। उन्होंने गर्जना की–"काशीराज, अपनी कन्याओं के स्वयंवर में किसे आमन्त्रित किया जाये और किसे नहीं, यह अधिकार आपको अवश्य होगा, लेकिन मैं जन्म से क्षत्रिय हूँ और क्षत्रिय धर्म के पालन का अधिकार मुझे देव प्रदत्त है। क्षत्रियों के लिए कन्या हरण भी गौरव का विषय है। रही बात मेरी प्रतिज्ञा की, तो स्पष्ट कर दूँ कि भीष्म और उसकी प्रतिज्ञा को समझ पाना इन मूढ़ बुद्धि राजपुरुषों के लिए सम्भव नहीं है। क्षमा चाहूँगा कि इन्हें समाझने का समय और धीरज कदाचित मेरे पास भी नहीं है, इसलिए अब मेरी बात ध्यान से सुनें; मैं गंगापुत्र देवव्रत भीष्म हस्तिनापुर साम्राज्य के प्रतिनिधि के रूप में अपने अनुज विचित्रवीर्य के लिए काशी की राजकन्याओं का हरण कर रहा हूँ। यहाँ जितने भी क्षत्रिय हैं... उनमें से जिस किसी को भी अपने धनुष या खड्ग पर विश्वास हो, मुझे रोकने का प्रयास कर सकता है, लेकिन परिणाम की जिम्मेदारी उसकी स्वयं की होगी।"

राजकुमारियों के हरण की खुली चुनौती की घोषणा सुनकर स्वयंवर में मौजूद हर व्यक्ति हक्का–बक्का रह गया। पिताश्री के क्रोध की कोई सीमा नहीं रही। उन्होंने कहा–"हस्तिनापुर को निमन्त्रण न भेजा तो तुम इस सीमा तक नीचता पर उतर आओगे भीष्म यह मैंने नहीं सोचा था। आश्चर्य की बात है कि इस प्रकार का अनुचित आचरण करने के बावजूद तुम क्षत्रिय मर्यादा और धर्म की बातें कर स्वयं को महात्मा सिद्ध करना चाहते हो, जिस हस्तिनापुर साम्राज्य के गौरव के नाम पर तुम दस्युओं की भाँति कन्याओं के अपहरण जैसा नीच कार्य कर रहे हो, आख़िर क्या गौरव है उस साम्राज्य का। जिस सिंहासन पर सम्राट भरत, हस्ती, नहुष, ययाति, पुरु, प्रतीप व शान्तनु जैसे सम्राट विराजित हुए हैं। उस सिंहासन पर तुमने अपने अयोग्य व निर्वीय भाई विचित्रवीर्य को बैठाकर उसे सम्राट घोषित कर दिया।

तुम्हारे पूर्वज सम्राट भरत ने तो अपने पुत्रों में राजा बनने की योग्यता न होने पर उन्हें स्वयं सिंहासन से वंचित किया और एक ऐसा उदाहरण प्रस्तुत किया था जो आज भी सम्पूर्ण आर्यावर्त में अनुकरणीय समझा जाता है, लेकिन क्या तुम बता सकते हो कि जिस भ्राता के लिए तुम राजकन्याओं का हरण करने आये हो, उसमें ऐसी क्या बात है जो उसे महान सिंहासन के योग्य बनाती है?"

महाराज की बात सुनकर भीष्म एक पल को सकपका गये, लेकिन जल्द ही स्वयं को संयत करते हुए उन्होंने कहा–"हस्तिनापुर राजसिंहासन पर किसे आरूढ़ होना चाहिए। यह निर्णय लेने के लिए हस्तिनापुर सक्षम है। यह राज्य का आन्तरिक विषय है और इसमें हस्तक्षेप करने का काशीराज को कोई अधिकार नहीं है।"

पिताश्री की आँखों से भी अंगारे बरस रहे थे। उन्होंने कहा– "हस्तिनापुर के शासन और शासक को लेकर मेरी कोई रुचि नहीं है, लेकिन यह हस्तिनापुर नहीं काशी है और मेरी पुत्रियों के हरण का विचार यहाँ कदापि सहन नहीं किया जायेगा गंगापुत्र।" यह कहकर पिताजी ने सैनिकों को आदेश दिया कि भीष्म और उनके साथियों को बन्दी बना लिया जाये, लेकिन भीष्म तो जैसे पूरी तैयारी से आया था। उसके साथी इस स्थिति के लिए पहले से ही तैयार थे। पलक झपकते ही वे काशी–राजसैनिकों पर हावी हो गये और उनमें से एक के खड्ग की धार पिताजी की ग्रीवा पर थी।

अपने ही राज्य में, अपने ही सैनिकों के बीच, अपनी ही पुत्रियों के स्वयंवर में काशीराज असहाय स्थिति में आ गये थे। भीष्म के कुछ साथी हम तीनों राजकुमारियों तक भी पहुँच चुके थे। यह सब इतनी शीघ्रता से हुआ की हमारी बुद्धि ही कार्य नहीं कर रही थी। अब आदेश देने की बारी भीष्म की थी। उसने अपने दल के एक साथी को सम्बोधित करते हुए कहा–"चारुदत्त! राजकुमारियों को रथ की ओर ले जाओ।" हमारे पास आदेश स्वीकार करने के अतिरिक्त कोई विकल्प न था। भीष्म अब पिताजी के बिल्कुल निकट पहुँच चुका था। उसने कहा–"चाहता तो मैं सेना के साथ यहाँ आकर भी राजकुमारियों का हरण कर सकता था, लेकिन व्यर्थ का रक्तपात मुझे पसन्द नहीं। इन्द्रद्युम्न... तुम यह न सोचना कि मैं

राजकुमारियों को छल से कायरों की भाँति तुम्हारे सामने से ले जा रहा हूँ। यदि यहाँ उपस्थित किसी भी योद्धा को यह भ्रम हो कि वह या उसकी सेना भीष्म से मुक़ाबले के लिए तैयार नहीं थी और भीष्म ने परिस्थिति का लाभ उठाकर राजकुमारियों का हरण कर लिया, तो ऐसा कदापि नहीं है। मेरा शिविर काशी नगर की सीमा पर ही है। मैं अगले तीन दिनों तक उसी शिविर में रहूँगा। किसी भी राजा या राजपुरुष को भीष्म या उसकी सेना से युद्ध कर राजकुमारियों को वापस ले जाना हो तो मैं उसकी प्रतीक्षा करूँगा।'' इतना कहकर भीष्म स्वयंवर सभा से बाहर निकल आया।

कुछ समय पश्चात् हम तीनों बहनें काशी नगर की सीमा पर एक शिविर में थीं। साधारण से दिखने वाले इस शिविर में सारी आवश्यक सुविधाएँ उपलब्ध थीं। हमारी मदद के लिए कुछ महिला परिचारिकाएँ भी वहाँ थीं। हमारे कुछ माँगने से पूर्व ही ये परिचारिकाएँ आवश्यकता की हर वस्तु हमारे सामने रख देती थीं। हरण करने के कारण हम तीनों काफ़ी डरी हुई थीं, लेकिन इसके बावजूद अम्बा दीदी, भीष्म द्वारा की गयी, इस व्यवस्था की प्रशंसा करने से स्वयं को रोक न सकी।

भीष्म-शाल्व युद्ध

अब आगे क्या होगा हम इस बात पर विचार कर ही रहे थे कि सूचना मिली की सौभ नरेश शाल्व भीष्म से युद्ध करने के लिए प्रस्थान कर चुके हैं। यह सूचना पाकर अम्बा दीदी कुछ सन्तुष्ट दिखाई दी, लेकिन मेरे मन का डर और भी गहरा गया। कुछ ही प्रहर पश्चात् शाल्व और भीष्म की सेनाएँ आमने–सामने थीं। युद्ध का कोलाहल, खड्ग टकराने की ध्वनियाँ औ सैनिकों की चीत्कार शिविर तक स्पष्ट सुनाई दे रही थीं। स्वयंवर का मांगलिक संगीत अब युद्धनाद और रक्तरंजित संघर्ष में परिवर्तित हो चुका था। भीष्म की सेना शाल्व सेना पर भारी पड़ती दिखाई दे रही थी। भीष्म के सैनिक शाल्व सैनिकों की तुलना में कहीं अधिक प्रशिक्षित और दक्ष थे। उनके शस्त्र और उन्हें चलाने की विद्या भी आधुनिक और श्रेष्ठ थी। सौभ राज शाल्व के सैनिकों के लिए हस्तिनापुर की इस सेना से पार पाना मुश्किल लग रहा था। सैनिकों के मुण्ड लगातार कटकर जमीन पर गिर रहे थे।

तभी अचानक युद्ध का शोर थम गया। पता चला कि युद्ध रोकने की पहल शाल्व की ओर से की गयी है। शाल्व ने भीष्म से कहा–"भीष्म, तुमने राजकुमारियों का हरण किया है और मैं तुम्हें रोकने आया हूँ। इसका अर्थ है कि युद्ध का कारण राजनीतिक न होकर व्यक्तिगत है, फिर रणभूमि में हज़ारों सैनिकों के रक्तपात का क्या औचित्य है? मेरा सुझाव है कि इस रक्तपात को रोककर हरकणकर्ता यानी तुम और तुम्हारा मार्ग रोकने वाला यानी मैं सम्मुख युद्ध करें। यह युद्ध तक तक चलेगा, जब हम दोनों में से एक की मृत्यु न हो जाये... यानी यह द्वन्द युद्ध होगा। जीतने वाला योद्धा राजकुमारियों को ले जा सकेगा।" शाल्व का प्रस्ताव सुनकर भीष्म मुस्करा

दिये और कहा–"मुझे तुम्हारा प्रस्ताव स्वीकार है, बल्कि मुझे हर्ष है कि तुमने निर्दोष सैनिकों का रक्तपात रोकने के लिए उचित मार्ग ढूँढ़ा है।"

शाल्व और भीष्म का आदेश पाते ही दोनों पक्षों की सेनाएँ युद्धभूमि से हट गयीं। अब केवल शाल्व और भीष्म आमने–सामने थे। भीष्म आर्यावर्त का बहुत ही कुशल योद्धा था। द्वन्द्व युद्ध आरम्भ होने के पहले ही प्रहर में यह स्पष्ट लगने लगा था कि शाल्व के पास भीष्म के बाणों का उत्तर नहीं है। थोड़ी ही देर में भीष्म के बाणों से शाल्व को बुरी तरह से आहत हो चुका था। इसके बाद भी शाल्व पूरी शक्ति से युद्ध कर रहा था। अब भीष्म के बाणों ने शाल्व के धनुष को निशाना बनाया। अगले ही क्षण शाल्व के धनुष के दो टुकड़े हो चुके थे। अब भीष्म का निशाना शाल्व का रथ था। भीष्म ने शाल्व के सारथी और रथ के अश्वों को लक्ष्य किया और फिर रथ के पहियों को भी क्षतिग्रस्त कर दिया। धनुष और रथ के बिना शाल्व बिल्कुल असहाय दिखाई दे रहा था। भले ही युद्ध कौशल में शाल्व और भीष्म की कोई बराबरी न थी, लेकिन अद्भुत युद्ध कौशल न होने के बाद भी शाल्व का साहस अदम्य था। विरथ होने के बाद भी पराजय स्वीकार न करते हुए उसने रथ से एक गदा उठाई और भीष्म को गदा युद्ध की चुनौती दी। भीष्म भी भली–भाँति समझ चुके थे कि रक्तरंजित शाल्व ज़्यादा समय टिक नहीं सकेगा। रथ से उतरकर उन्होंने भी गदा थाम ली। गदाओं के टकराने की ध्वनि से आकाश गूँज उठा। शाल्व के वार भीष्म पर कोई विशेष प्रभाव नहीं डाल पा रहे थे, किन्तु भीष्म के प्रहार शाल्व के लिए प्राणघातक सिद्ध हो रहे थे। शाल्व पूरी तरह से क्लान्त हो चुका था। शिथिलता उस पर इतनी हावी हो चली थी कि वह भीष्म के प्रहारों का प्रतिउत्तर भी नहीं दे पा रहा था। ऐसा लग रहा था कि वह किसी भी क्षण मूर्छित हो सकता है अथवा मृत्यु को प्राप्त हो सकता है। शाल्व की अवस्था देखकर भीष्म ने उसे प्राणदान देते हुए युद्ध समाप्ति की घोषणा कर दी, लेकिन मृत्यु के मुख में खड़े शाल्व का साहस अभी भी पर्वत की भाँति खड़ा था। पूरी ताक़त को समेटकर उसने चीखकर कहा–"भीष्म, क्षत्रिय किसी का दान या कृपा स्वीकार नहीं करता। प्राणदान तो कदापि नहीं, सम्मुख युद्ध से पूर्व ही यह तय किया जा चुका था कि किसी एक की मृत्यु तक युद्ध जारी रहेगा... तो फिर युद्ध

से पलायन क्यों...? मेरा वध कर युद्ध को समाप्त करो।" भीष्म की आँखों में भी शाल्व की वीरता के लिए प्रशंसा का भाव था। उसने कहा–"शाल्व मेरी तुमसे कोई शत्रुता नहीं है। तुम या तुम्हारा राज्य कभी भी हस्तिनापुर के हितों के आड़े नहीं आया है। मेरे पास तुम्हारा वध करने का कोई भी कारण नहीं है। मैं योद्धा हूँ, कोई हत्यारा नहीं।"

शाल्व ने कहा–"भीष्म मैं भी एक योद्धा हूँ और क्षत्रिय भी... तुमसे जीवनदान पाना मेरे लिए मृत्यु से भी कष्टकारी है। मैं जीवन के अन्तिम क्षण तक युद्ध करूँगा। मेरा वध किये बिना तुम यहाँ से जा नहीं सकते।" यह कहकर शाल्व ने भीष्म पर एक और प्रहार करने का प्रयास किया, लेकिन शिथिल अवस्था में किये गये इस प्रहार का वेग इतना क्षीण था कि वह भीष्म तक पहुँच तक नहीं सका। भीष्म ने शाल्व की गदा को अपने हाथ से रोककर उसे धकेल दिया और कहा–"भीष्म युद्ध करता है... निरीह हत्याएँ नहीं करता।" शाल्व नरेश भूमि पर गिरकर मूर्छित हो गये और इस तरह भीष्म–शाल्व युद्ध समाप्त हो गया।

भीष्म–शाल्व युद्ध की कहानी सुनकर अम्बा बेहद चिन्तित थी। शाल्व युद्ध में गम्भीर रूप से घायल हो चुके थे। तभी शिविर में आयी परिचारिका ने सन्देश दिया कि अगले दिन पौ–फटते ही हस्तिनापुर के लिए प्रस्थान करना है। हम तीनों ही बहनें भयाक्रान्त थीं, लेकिन अम्बा के मुख पर भय के साथ–साथ अधीरता, चिन्ता और क्रोध भी दिखाई दे रहा था। उसने परिचारिका से कहा–"भीष्म को तत्काल सन्देश दो कि राजकुमारी अम्बा उनसे अविलम्ब भेंट करना चाहती हैं।" अम्बा की बात सुनकर परिचारिका को भी आश्चर्य हुआ। हमारा हरण हुआ था और अम्बा का सन्देश ऐसा जान पड़ रहा था, जैसे भीष्म उसका अनुचर हो। परिचारिका ने संयत स्वर में कहा–"महामहिम भीष्म को अभी आपका सन्देश दिया जाना सम्भव नहीं है। उनके शिविर में स्त्रियों का प्रवेश वर्जित है। मैं प्रयास करूँगी की हस्तिनापुर पहुँचते ही आपका सन्देश उन्हें प्राप्त हो सके।" हस्तिनापुर पहुँचने की प्रतीक्षा करने के सिवाय अब अम्बा के पास कोई चारा न था।

हस्तिनापुर

क़रीब एक सप्ताह की यात्रा के पश्चात् हम हस्तिनापुर पहुँचे। हस्तिनापुर के बारे में जो कुछ भी सुना था, वास्तविकता में उससे अधिक ही पाया। काशी की तुलना में यह नगरी बहुत विशाल थी। नगर का प्रवेशद्वार ही राज्य के वैभव की कहानी कह रहा था। काशी में रथों का उपयोग राजपरिवार और नगर के कुछेक कुलीन लोग ही किया करते थे, किन्तु यहाँ तो मार्ग पर कई रथ सहज ही दिखाई दे रहे थे। मार्ग के दोनों ओर ऊँची अट्टालिकाएँ और बड़े–बड़े भवन थे। व्यापारिक प्रतिष्ठान और हाट बाज़ारों में काफ़ी रौनक थी। नगर के लोगों को देखकर लगता था कि यहाँ महँगे रेशमी वस्त्र और आभूषण पहनने का चलन अधिक था, लेकिन इसके साथ ही नगर में कई लोग बहुत दयनीय अवस्था में भी दिखाई दिये जो मैले–कुचौले वस्त्र पहनकर उन्हीं बाज़ारों में भिक्षावृत्ति कर रहे थ। मुख्य बाज़ारों में ही कुछ मदिरालय और द्यूतक्रीड़ा केन्द्र भी दिखाई दे रहे थे। काशी में तो खुलेआम चल रहे इस प्रकार के मदिरालयों की कल्पना भी नहीं की जा सकती थी। ऊँची अट्टालिकाओं के नज़दीक ही कुछ मलिन बस्तियाँ भी दिखाई दे रही थीं। इन बस्तियों को देखकर अनुमान लगाया जा सकता था कि यह निर्धनों की बस्ती है और यहाँ रहने वाले लोगों की स्थिति ठीक नहीं है। स्पष्ट था कि हस्तिनापुर भले ही काशी की तुलना में एक विशाल और सम्पन्न राज्य हो, लेकिन आर्थिक असमानता इस राज्य में काशी की तुलना में अधिक थी।

भीष्म के साथ जब हमारे लश्कर ने राजभवन में प्रवेश किया तो मेरी तो आँखें फटी रह गयीं। हस्तिनापुर का राजभवन काशी राजमहल की तुलना में न केवल कई गुना विशाल था, बल्कि भवन का शिल्प सौन्दर्य

भी देखते ही बनता था। भवन सज्जा के लिए स्वर्ण का प्रयोग प्रचुरता से किया था। प्रत्येक भरतवंशी राजा की आदमकद मूर्ति इस राजवंश के गौरव से ज़्यादा सम्पन्नता और भव्यता की कहानी कहती नज़र आ रही थीं। प्रवेशद्वार पर कुछ राजस्त्रियाँ स्वागत के लिए खड़ी थीं। भीष्म ने रथ से उतरकर एक महिला के चरण स्पर्श किये। भीष्म ने जब उन्हें माता कहकर सम्बोधित किया तो ज्ञात हुआ कि यह राजमाता सत्यवती हैं... हालाँकि, राजमाता की आयु उनके सौतेले पुत्र भीष्म से कम ही जान पड़ती थी। राजमाता ने औपचारिक रूप से हम तीनों बहनों की आरती उतारी। आरती उतारने के दौरान उनके मुख पर प्रसन्नता या सन्तुष्टि के भाव नहीं, बल्कि तनाव ही दिखाई दे रहा था। राजमाता हम तीनों को देखकर मुस्कराईं तक नहीं, बल्कि हमें कुछ इस तरह से देखा मानों वे हमारा निरीक्षण कर रही हों। अम्बा दीदी पर नज़र डालते ही मानों वे कुछ निराश हो गयीं और प्रश्नवाचक दृष्टि से भीष्म की ओर देखा, लेकिन भीष्म का ध्यान तो उनकी ओर था ही नहीं। औपचारिक स्वागत के बाद हमें परिचारिकाओं के साथ अपने कक्ष की ओर भेज दिया गया। काशी से हस्तिनापुर तक की लम्बी यात्रा में परिचारिकाओं ने हमारी सुविधाओं का पूरा ध्यान रखा था। ऐसे में शारीरिक क्लान्ति तो बहुत अधिक न थी, लेकिन मन बहुत डरा हुआ था। इस नये, अपरिचित और डरावने वातावरण में हम तीनों बहनों ने अलग–अलग कक्षों में रहने के स्थान पर एक ही कक्ष में रहने की इच्छा प्रकट की, जिसे स्वीकार कर लिया गया।

कक्ष में पहुँचते ही अम्बा ने परिचारिका से रुष्ट स्वर में कहा–"अब तो हस्तिनापुर पहुँच चुके हैं। क्या अभी भी भीष्म से भेंट होना सम्भव नहीं है।" उत्तर में परिचारिका ने इतना ही कहा–"मैं प्रयास करूँगी कि आपका सन्देश शीघ्रातिशीघ्र महामहिम भीष्म तक पहुँच सके।" मैं और अम्बालिका सोच रहे थे कि आख़िर अम्बा के मन में क्या है? आख़िर भीष्म से भेंट करने के लिए अम्बा इतनी अधीर क्यों है? मैंने इस सम्बन्ध में अम्बा दीदी से प्रश्न भी किया, लेकिन शायद वे मुझे और अम्बालिका को अब भी नादान बालिका ही समझती थी। मेरे प्रश्न का उसने कोई उत्तर नहीं दिया।

भीष्म और अम्बा

अम्बा का सन्देश पाकर भीष्म हमारे कक्ष में आ गये। अम्बा के इस प्रकार सन्देश भेजे जाने से कदाचित वे भी आश्चर्यचकित थे। काफ़ी संयत और गम्भीर स्वर में उन्होंने पूछा–"देवी, मुझे ज्ञात हुआ है कि आप मुझसे भेंट करना चाहती हैं। क्या आप लोगों को यहाँ कोई असुविधा या कष्ट है? आपकी आवश्यकता की प्रत्येक वस्तु उपलब्ध कराए जाने का आदेश मैं पहले ही दे चुका हूँ।"

भीष्म की बात सुनकर अम्बा ने कटाक्ष करते हुए से कहा, "अपने सेवकों को आदेश दो कि राजकुमारी अम्बा को उच्च गुणवत्ता का विष लाकर दें, ताकि मैं प्राण त्याग सकूँ।"

अब तक मैं जान चुकी थी कि हस्तिनापुर में भीष्म का महत्त्व राजा से कहीं अधिक है। कोई भी उनसे दृष्टि मिलाकर या उच्च स्वर में बात नहीं करता था, लेकिन अम्बा न केवल भीष्म को 'तुम' कहकर सम्बोधित कर रही थी, बल्कि उसके स्वर में भी आदर और सम्मान का अभाव साफ़ झलक रहा था। इसके बावजूद भीष्म ने संयत और सौम्य स्वर में कहा–"क्या बात है देवी? क्यों इतनी रुष्ट हैं आप?"

अम्बा बोली–"आश्चर्य है गंगापुत्र... स्वयंवर सभा से हमें बलपूर्वक लाया गया है, जिस कन्या को बलपूर्वक खींचकर लाया गया हो... उससे तुम पूछ रहे हो कि वह इतनी रुष्ट क्यों है?"

अम्बा ने अपनी बात इतने सीधे और सपाट ढंग से कही की भीष्म सकपका गये और बोले–"क्षत्रियों में तो कन्या हरण की परम्परा मैंने तो नहीं बनायी देवी। अपने बाहुबल के आधार पर कन्या हरण तो क्षत्रियों के लिए गौरव का विषय है। आप तनिक भी चिन्ता न करें आप हस्तिनापुर

की साम्राज्ञी बनने जा रही हैं। हस्तिनापुर में आपको कोई कष्ट नहीं होगा।"

प्रतिउत्तर में अम्बा ने श्वास छोड़ते हुए फीकी हँसी दी। मानो भीष्म ने कोई बेहद मूर्खतापूर्ण तर्क दिया हो। उसने कहा—"क्षत्रिय मर्यादा और क्षत्रिय गौरव के नाम पर मूर्खतापूर्ण और निर्लज्ज कृत्य करना हस्तिनापुर की पुरानी परम्परा लगती है और तर्कहीन निष्ठा के नाम पर तुम जो कृत्य कर रहे हो, उसे देखकर तो लगता है कि कुरुवंश की आने वाली पीढ़ियों में भी यह मूर्खता जारी रहेगी। तुम्हारे इस तर्क के अनुसार रावण यदि क्षत्रिय होता, तो तुम्हें माता सीता का अपहरण भी धर्मसम्मत ही जान पड़ता।"

अम्बा की भाषा और वाणी मर्यादा की सीमा लाँघती जा रही थी, लेकिन भीष्म का स्वर तुलनात्मक रूप से काफ़ी संयमित था—"माता सीता विवाहित थीं, श्रीराम की अर्द्धांगिनी थीं, पवित्र और सती थीं। उनके हरण को भला मैं धर्मसम्मत कैसे कह सकता हूँ।"

अम्बा ने भीष्म को अपनी बात पूरी नहीं करने दी और बीच में ही लगभग चीखकर बोली, "तुम मूर्ख हो गंगापुत्र भीष्म। अपने बाहुबल के मद में चूर तुम कुरुवंशियों को साधारण-सी बात की भी समझ नहीं है। माता सीता का अपहरण एक अक्षम्य पाप था, क्योंकि रावण उन्हें उनकी इच्छा के विरुद्ध बलपूर्वक ले गया था। स्त्री की इच्छा के विरुद्ध उसे बलपूर्वक कहीं भी ले जाना हरण नहीं, अपहरण कहलाता है। रावण यदि माता सीता के स्थान पर किसी अविवाहित स्त्री को भी बलपूर्वक ले जाता, तो भी यह धर्मविरुद्ध कृत्य ही कहलाया जाता।"

अम्बा स्पष्ट रूप से भीष्म को अपमानित कर रही थी। हस्तिनापुर राजभवन में भीष्म से इस स्वर में बात अब तक किसी ने भी नहीं की होगी। भीष्म का धैर्य भी समाप्त हो गया। तैश में आकर उसने अम्बा से कहा, "अपनी जिह्वा पर नियन्त्रण रखो राजकुमारी।"

मैं और अम्बालिका भीष्म के क्रोध को देखकर डर गयी, लेकिन अम्बा पर तो मानों इसका कोई असर ही न था। उसने निर्भयतापूर्वक भीष्म से दृष्टि मिलाते हुए कहा—"अन्यथा क्या कर लोगे तुम? मेरी हत्या कर दोगे या मेरी धृष्टता के लिए काशी पर आक्रमण कर दोगे या इससे भी आगे

बढ़कर मेरा शील भंग करने के लिए हस्तिनापुर के सैनिकों के समक्ष प्रस्तुत कर दोगे?"

कदाचित् भीष्म का पाला अम्बा जैसी हठी और निर्भीक स्त्री से पहले कभी नहीं पड़ा था। अम्बा के स्थान पर कोई पुरुष होता तो उसका सिर धड़ से पृथक् कर चुका होता, लेकिन स्त्री के आगे भीष्म असहाय नज़र आ रहा था। उसने अम्बा से हार मानते हुए कहा कि "आख़िर आप चाहती क्या हैं देवी?"

अम्बा बोली–"यह प्रश्न तो आपको हमारा अपहरण करने से पहले पूछना चाहिए था। कन्याहरण क्षत्रियों के लिए गौरव का विषय उस स्थिति में होता है, जब कन्या स्वयं प्रेमाभूत होकर किसी पुरुष को हरण का निमन्त्रण या संकेत देती है। क्या हम तीनों में से किसी ने तुम्हारे या तुम्हारे अनुज विचित्रवीर्य के प्रेम में पड़कर हरण के लिए संकेत दिया था? क्या तुमने इतिहास में कोई भी उदाहरण देखा या सुना है कि जिसमें कन्या का हरण विवाह की अभिलाषी राजपुरुष ने नहीं, बल्कि उसके भ्राता या पिता ने किया हो? नहीं न, तो फिर किस आधार पर तुम अपने इस पाप कृत्य को क्षत्रिय मर्यादा का नाम दे रहे हो? भीष्म, तुम अपनी शक्ति के मद में इतने अन्धे हो गये हो कि स्त्री के मन को समझने की सहज प्रज्ञा भी तुम में शेष नहीं है। स्त्री केवल बाहुबल या रक्त की नदियाँ बहा देने की क्षमता रखने वाले सामर्थ्यशाली से ही प्रेम नहीं करती कई बार उसका प्रेम संवेदनशील, तर्कशील और दयालु पुरुषों के लिए होता है, लेकिन तुम इन बातों को क्या समझोगे। तुम जैसे सामर्थ्यशालियों से तो शाल्व जैसे सामर्थ्यहीन कहीं श्रेष्ठ हैं। बाहुबल में भले ही वे तुम्हारे समकक्ष न हों, लेकिन नैतिक मूल्यों और साहस में तुम उनके सामने बहुत निम्न हो भीष्म; तुम्हारे निष्ठुर बाणों के वेग ने बेचारे शाल्व को मृत्यु के मुख में पहुँचा दिया है। आख़िर क्या दोष था शाल्व का। यही न कि वह तुम्हारी तुलना में शक्ति सम्पन्न नहीं था?''

भीष्म ने कहा–"शाल्व की अवस्था के लिए मुझे किस प्रकार दोष दिया जा सकता है। क्या मैंने शाल्व को युद्ध के लिए आह्वान किया था? क्या मैं उसके रास्ते में अपना धनुष लेकर खड़ा हो गया था? देवी अम्बा, युद्ध का आह्वान शाल्व की ओर से किया गया था... मैंने अपनी विजय के बावजूद उसे जीवनदान दिया है। भला मैं कैसे दोषी हो सकता हूँ?"

इस बार बेहद भावुक स्वर में अम्बा ने कहा–"यदि कोई आक्रान्ता किसी की प्रेयसी का अपहरण कर बलपूर्वक ले जा रहा हो, तो क्षत्रिय का क्या कर्तव्य है? मेरे विचार में क्षत्रिय तो क्या कोई अन्य पुरुष भी ऐसी स्थिति में उसे रोकने का ही प्रयत्न करेगा। यही तो शाल्व ने किया। भीष्म! तुमने शाल्व को पराजित भले ही कर दिया हो, लेकिन मेरी दृष्टि में वह तुमसे कहीं महान और ज़्यादा वीर है। शाल्व भली–भाँति जानते थे कि तुम्हारी शक्ति के समक्ष वह और उसकी सेना ज़्यादा देर नहीं टिक सकेंगे, लेकिन उसने तुमसे न केवल युद्ध किया, बल्कि तुम्हारे सम्मुख युद्ध का आह्वान देकर अपने सैनिकों को भी व्यर्थ रक्तपात से बचा लिया। शक्ति सम्पन्न न होने बावजूद संघर्ष का विकल्प चुनने के लिए कितने साहस की आवश्यकता होती है? यह तुम नहीं समझ सकोगे भीष्म; मुझे गर्व है कि मैंने एक वीर, संवेदनशील और अदम्य साहसी व्यक्ति से प्रेम किया है।" अम्बा के नेत्र सजल हो उठे थे।

भीष्म को अब यह प्रकरण कुछ समझ में आ रहा था। उसने सीधे अम्बा से प्रश्न किया–"क्या आप शाल्व नरेश से प्रेम करती हैं। यदि ऐसा है, तो इस तथ्य से मुझे पहले अवगत क्यों नहीं कराया।" हालाँकि, भीष्म स्वयं जानते थे कि उनका प्रश्न बिल्कुल निरर्थक है। प्रश्न का उत्तर किसी ने नहीं दिया और भीष्म को इसकी अपेक्षा भी नहीं थी। उनके सामने तो मानों स्वयंवर सभा से लेकर शाल्व के साथ युद्ध का एक–एक दृश्य फिर से जीवित हो गया था। सत्य को जानने के बाद उनकी स्थिति भी बहुत विचित्र हो गयी थी। वे तेज़ी से हमारे कक्ष से बाहर निकल गये। मानों उन्हें कोई बेहद ज़रूरी काम याद आ गया हो। कक्ष में सन्नाटा छा गया, लेकिन मौन के बीच में हम तीनों की सिसकियाँ सुनी जा सकती थीं।

दिन का पहला प्रहर बीत चुका था कि परिचारिकाओं ने भीष्म के आने की सूचना दी। भीष्म के चेहरे पर कल की तुलना में कुछ शान्ति और सन्तोष दिखाई दे रहा था। आते ही उन्होंने अम्बा को संबोधित करते हुए कहा–"देवी अम्बा, आपके सन्दर्भ में मैंने राजमाता से चर्चा की है। राजमाता ने मुझे आदेश किया है कि आपको पूरी सुरक्षा और सम्मान के साथ शाल्व नरेश के पास भेज दिया जाये।"

मुझे लगा था कि भीष्म की बात सुनकर अम्बा दीदी प्रसन्नता से चहक उठेंगी, लेकिन ऐसा कुछ नहीं हुआ। अम्बा ने भीष्म से प्रतिप्रश्न किया, "और अगर राजमाता ने आपको ऐसा आदेश न दिया होता तो मेरा क्या होता?"

भीष्म ने कहा–"अब इस प्रश्न का औचित्य ही क्या है देवी अम्बा? राजमाता तो आदेश दे ही चुकी हैं। मैं आपको सौभराज शाल्व के पास पहुँचाने का प्रबन्ध करता हूँ।"

"क्या राजमाता ने आदेश इसलिए दिया है कि राजकुमार विचित्रवीर्य और मेरा विवाह उन्हें बेमेल लगता है?" यह कहते हुए अम्बा के मुख पर एक रहस्यमय मगर फीकी मुस्कान थी। ऐसा लगा जैसे भीष्म की चोरी पकड़ी गयी हो। वे बोले–"जब मैंने राजमाता को बताया कि राजकुमारी अम्बा का सौभ राज्य के राजा से प्रेम है, तब उन्होंने तत्काल आपको मुक्त कर शाल्व के पास सुरक्षित पहुँचाने का आदेश दे दिया।"

अम्बा ने प्रश्न किया–"यदि मेरी दोनों बहनें भी कहें कि उनका किसी अन्य पर प्रेम है, तो क्या राजमाता उन्हें भी मुक्त कर देंगी?"

इस बार भीष्म के पास अम्बा के प्रश्न का कोई उत्तर नहीं था। वे अम्बा से दृष्टि नहीं मिला पा रहे थे। अम्बा ने फिर कहा–"स्पष्ट क्यों नहीं कहते गंगापुत्र... कि विचित्रवीर्य आयु में अम्बा से बहुत छोटा है, इसलिए राजमाता नहीं चाहतीं कि यह विवाह सम्पन्न हो और यही कारण है कि मुझ पर यह कृपा की जा रही है। पहले दिन ही राजमाता ने मुझे जिस प्रकार देखा था, उससे मुझे अन्देशा हो गया था कि उनके मन में क्या है। आपकी दासियाँ और परिचारिकाएँ भी मुझे बता चुकी हैं कि सम्राट विचित्रवीर्य आयु में मुझसे काफ़ी छोटे हैं। मेरे और विचित्रवीर्य के बीच जो असमानता या असंगतता है, उसे राजमाता ने देखते ही अनुभव कर लिया था। साधारण–सी परिचारिकाएँ भी मुझे देखते ही जान गयी थीं कि विचित्रवीर्य मुझसे कहीं छोटा है और हमारी जोड़ी बिल्कुल बेमेल है। गंगापुत्र, तुम तो यहाँ काफ़ी बुद्धिमान और ज्ञानी माने जाते हो। क्या तुम्हें यह असंगतता दिखाई नहीं दी?"

भीष्म किसी विद्यार्थी की तरह सिर झुकाये अम्बा की बात चुपचाप सुन रहे थे। अम्बा ने कहा–"मुझे पता है कि तुमने इस सम्बन्ध में कभी विचार ही नहीं किया होगा। तुम्हें तो यह आदेश मिला होगा कि विचित्रवीर्य

के लिए काशी की राजकुमारियों का हरण कर लाओ और तुम्हारी अन्धी निष्ठा ने अन्तरात्मा में उठ रहे उचित–अनुचित, धर्म–अधर्म के प्रश्नों को भी कुचल दिया होगा। क्योंकि तुम्हारे लिए तो धर्म के दो ही मायने हैं। पहला, हस्तिनापुर राजसिंहासन के प्रति निष्ठा और दूसरा, तुम्हारी प्रतिज्ञा। पता नहीं धर्म के इन छद्म मानदण्डों में फँसकर तुम अभी और कितने पापों के भागीदार बनोगे भीष्म।"

इस बार भी भीष्म ने अम्बा के शब्दों का कोई उत्तर नहीं दिया। अम्बा की कड़वी बातों को भी वे जिस प्रकार शान्ति से सुन रहे थे, उससे लगता था कि उन्हें भी कहीं–न–कहीं अपनी ग़लती का पश्चात्ताप हो रहा है। अम्बा की कही बात कालान्तर में इतनी सत्य सिद्ध होगी, इसकी कल्पना किसी को भी नहीं थी। कभी–कभी तो मुझे यह भी लगने लगा था कि अब तक स्त्री प्रसंग से दूर रहे भीष्म को अम्बा दीदी का सान्निध्य पसन्द आने लगा है।

कारण चाहे जो भी रहा हो, लेकिन अम्बा को हस्तिनापुर से मुक्ति मिल गयी। भीष्म स्वयं उन्हें नगर की सीमा तक छोड़ने गये। इधर, हस्तिनापुर में बिना समय गँवाये मेरा और अम्बालिका का विवाह सम्राट विचित्रवीर्य से होने जा रहा था। अपने विवाह के सम्बन्ध में हम दोनों ने कई सपने सँजोये थे, लेकिन यह कल्पना कभी नहीं की थी कि हम दोनों को एक ही पुरुष से विवाह करना पड़ेगा। सोचा तो यह था कि स्वयंवर में सबसे अधिक रूपवान और गुणवान राजपुरुष के कण्ठ में वरमाला डालूँगी, लेकिन विडम्बना यह थी कि जिसके पल्ले हमें बाँधा जा रहा था, उसके दर्शन ही हमें अब तक नहीं हो सके थे।

विचित्रवीर्य से विवाह

विवाह की घड़ी जिसे सामान्यतः शुभ घड़ी कहा जाता है, आ चुकी थी। सम्राट विचित्रवीर्य वर के रूप में लग्न मण्डप में आये नहीं, बल्कि उन्हें लाया गया था। सम्राट कहा जाने वाला वह व्यक्ति ठीक से चल भी नहीं पा रहा था। मैं तो समझ ही नहीं सकी कि सम्राट को कोई रोग है या फिर मदिरा के आधिक्य ने उनकी यह अवस्था कर दी है। जैसे–तैसे हम दोनों बहनों का विवाह सम्पन्न हुआ। बाद में ज्ञात हुआ कि सम्राट तो रोगी और मदिरा व्यसनी दोनों ही है।

सम्राट विचित्रवीर्य बेहद कृशकाय और निर्बल थे और राजवैद्य की औषधियों पर निर्भर थे, लेकिन राजवैद्य के बताये गये पथ्य और बन्धनों का वे पालन नहीं करते थे। राजवैद्य ने उन्हें मदिरा से दूर रहने का परामर्श दिया था, लेकिन सम्राट की शामें तो मदिरा और गणिकाओं के साथ ही बीता करती थीं। उनके बारे में कहा जाता कि कम उम्र में ही भोग के आधिक्य ने उन्हें रोगी बना दिया है। वैद्यों ने उन्हें भोग के सम्बन्ध में भी संयम बरतने को कहा था, लेकिन संयम तो जैसे उनकी प्रकृति में ही नहीं था। गणिकाओं के सान्निध्य और मदिरा के मद में डूबे हुए जब वे शयनकक्ष में आते, तब यहाँ भी वे अपनी प्रकृति के अनुरूप केवल और केवल भोग के ही प्रयास में रहते। उनका मन भले ही भोग के लिए कितना भी आतुर हो, लेकिन उनकी काया इसके लिए उनका साथ नहीं दे पाती थी। अम्बालिका के शयनकक्ष की कथा भी ठीक ऐसी ही थी।

राजमाता सत्यवती और महामहिम भीष्म इस सत्य से भली–भाँति अवगत थे। सम्राट के स्वास्थ्य को देखते हुए उन्होंने कभी प्रेम तो कभी

कठोरता से विचित्रवीर्य को समझाने का यत्न भी किया, लेकिन इसका कोई लाभ नहीं हुआ। मैंने सोचा कि मैं अपने रूप, गुणों और सेवा के माध्यम से सम्राट को अपना बना लूँगी। इसके लिए मैंने काफ़ी प्रयत्न भी किये, लेकिन विचित्रवीर्य का व्यवहार भी विचित्र ही था। कहने को तो मैं नवविवाहिता थीं, मेरा पति आर्यावर्त के सबसे शक्तिशाली राज्य का सम्राट था, लेकिन वास्तविकता में हमारे (मेरे और अम्बालिका के) दुर्भाग्य की कहानी केवल हम ही जानते थे। महाराज विचित्रवीर्य के लिए हम एक सुन्दर मांस पिंड से ज़्यादा कुछ भी नहीं थे। कक्ष में आने के बाद वे हमसे भी गणिकाओं के जैसे व्यवहार की अपेक्षा करते थे। ऐसे में अपने पति के लिए हमारे मन में प्रेम अंकुर फूटना तो दूर हम दोनों को ही सम्राट विचित्रवीर्य से घिन आने लगी थी। उधर, राजमाता सत्यवती सम्राट के स्वास्थ्य में सुधार न हो पाने के लिए सीधे–सीधे हम बहनों को उत्तरदायी ठहराने लगी थीं। जिस विचित्रवीर्य के कन्धों पर हस्तिनापुर जैसे विशाल राज्य का उत्तरदायित्व था, वह या तो गणिकाओं के साहचर्य में आनन्द ढूँढ़ता रहता था या मदिरापान में आकण्ठ डूब जाता था। आश्चर्य तो इस बात का था कि राजमाता सत्यवती इस स्थिति के लिए भी मुझे और अम्बालिका को ताना मारकर कहती थीं, "वह स्त्री ही क्या जिसके रहते पुरुष को गणिकाओं या मदिरा की आवश्यकता पड़े। तुम दोनों मेरे विचित्रवीर्य को रिझाने में असफल हो, इसीलिए वह बुरे व्यसनों के शिकंजे में है, "मेरे और अम्बालिका के पास कोई चारा नहीं था और हमने इसी को अपनी नियति स्वीकार कर ली थी। हाँ, एक बात की सन्तुष्टि अवश्य थी कि हमारी एक बहन को तो कम-से-कम उसकी पसन्द का वर मिल गया है, लेकिन शीघ्र ही यह भी पता चल गया कि वास्तविकता वैसी नहीं थी, जैसी हम सोच रहे थे।

अम्बा की शाल्व से भेंट

अम्बा को शाल्व के पास गये कई दिन हो गये थे, लेकिन वहाँ से न तो कोई मांगलिक समाचार (अम्बा–शाल्व विवाह) प्राप्त हुआ था और न ही अम्बा ने कोई पत्र लिखकर अपनी कुशलक्षेम के बारे में सूचना भेजी। फिर एक दिन अचानक सूचना मिली कि अम्बा हस्तिनापुर में है और वह भीष्म से भेंट करने गयी है। मेरे आश्चर्य की सीमा न रही। अम्बा हस्तिनापुर में है और मुझसे व अम्बालिका से मिलने तक नहीं आयी। क्या भीष्म उसे हमसे अधिक प्रिय हैं। यह भी ज्ञात हुआ कि शाल्व ने अम्बा को स्वीकार करने से इन्कार कर दिया है और वह भीष्म पर स्वयं से विवाह करने का दबाव बना रही है। मैं सोच रही थी कि अम्बा के विषय में जो सूचनाएँ आ रही हैं, क्या वे वाक़ई सत्य हैं। इसका उत्तर तो अम्बा से भेंट होने पर ही मिल सकता है। अम्बा से हमारी भेंट तो न हो सकी, लेकिन उसका भेजा हुआ पत्र अवश्य पत्र प्राप्त हुआ। पत्र क्या था? एक प्रकार से उस प्रत्येक प्रश्न का उत्तर था, जो अम्बा के सम्बन्ध में मेरे मन में उठ रहे थे। हस्तिनापुर से प्रस्थान करने से लेकर शाल्व से भेंट और पुनः हस्तिनापुर लौटने की अपनी पूरी यात्रा के बारे में अम्बा ने विस्तार से इस पत्र में लिखा था। अम्बा ने मझधार में मेरा और अम्बालिका का साथ छोड़ देने के लिए हमसे क्षमा माँगी थी। वह काफ़ी चिन्तित थी कि हस्तिनापुर में गिद्धों और सियारों के बीच मेरा और अम्बालिका का क्या होगा? अपनी विवशता के सम्बन्ध में उसने यह भी स्पष्ट कर दिया था कि अब हमारी भेंट कभी नहीं हो सकेगी। अनिष्ट की आशंका से मन काँप उठा।

अम्बा जब हस्तिनापुर से शाल्व के पास पहुँची, तब शाल्व की स्थिति अच्छी नहीं थी। भीष्म के साथ युद्ध में उसे गम्भीर आघात हुए थे और

कई वैद्यों की देखरेख में उसका उपचार चल रहा था, लेकिन सबसे गम्भीर आघात शाल्व के मन पर हुआ था। भीष्म से पराजय और अपनी प्रेयसी का हरण न रोक पाने के कारण वह स्वयं को काफ़ी अपमानित अनुभव कर रहा था। युद्ध भूमि में पराजय के बाद वीरगति के लिए वह सहर्ष तैयार था, परन्तु वह भी शाल्व के भाग्य में न थी। भीष्म के दिये गये जीवनदान की बात उसे लगातार कचोट रही थी। अम्बा जब शाल्व के समक्ष पहुँची, तब वह अम्बा से आँख भी नहीं मिला पा रहा था। अम्बा ने उसे स्वयंवर सभा से हमारे हरण और उसके बाद के पूरा घटनाक्रम के बारे में सविस्तार बता दिया। शाल्व ने निर्विकार भाव से अम्बा की पूरी बात सुनी और अन्त में अम्बा से कहा—"अम्बा, यह सत्य है कि मैं तुमसे प्रेम करता हूँ, लेकिन तुमसे विवाह करना अब मेरे लिए सम्भव नहीं है। मुझे ग़लत मत समझना, तुम्हारे प्रेम, तुम्हारे समर्पण, तुम्हारे चरित्र को लेकर मेरे मन में तनिक भी सन्देह नहीं है। कदाचित् मैं स्वयं ही तुम्हारे प्रेम के योग्य नहीं हूँ, जो व्यक्ति अपनी प्रेयसी की सुरक्षा करने में असमर्थ सिद्ध हुआ है, उसे विवाह करने का क्या अधिकार है। राजकुमारी, विवाह तो दूर की बात है, मैं जिस प्रकार भीष्म से पराजित और अपमानित हुआ हूँ... उसके पश्चात् तो मुझे जीने का भी अधिकार नहीं है, लेकिन क्या करूँ आत्महत्या जैसे आत्मघाती क़दम भी एक क्षत्रिय और राजा के लिए उपयुक्त आचरण नहीं हैं। मुझ पर प्रजापालन जैसा महत्त्वपूर्ण दायित्व न होता, तो मैं संन्यास ले लेता। भीष्म से मिली पराजय और अपमान के बाद मेरे जीवन का एक—एक दिन मृत्यु से भी कहीं ज़्यादा कष्टकारी सिद्ध हो रहा है।"

अम्बा ने कहा—"आप जैसे संवेदनशील व्यक्ति का मानसिक द्वन्द्व मैं समझ सकती हूँ, लेकिन अब आप ही बताइए मेरे लिए क्या आदेश है।"

"तुम्हें अधिकार से कुछ कह सकूँ यह पात्रता तो मैं उसी समय खो बैठा था, जब मेरी दृष्टि के सामने ही भीष्म तुम्हारा हरण कर ले गया था। स्वयंवर में हरण की गयी कन्या पर सम्पूर्ण अधिकार उसी पुरुष का होता है, जिसने उसका हरण किया है। मेरे विचार से इस समस्या या धर्मसंकट के लिए भीष्म ही सबसे अधिक उत्तरदायी है। पहले तो किसी कन्या की इच्छा के विरुद्ध उसका हरण कर उसने पापकर्म किया।

दूसरा, कन्या का हरण विवाह की अभिलाषी पुरुष को स्वयं करना होता है। कन्या कोई वस्तु नहीं जो भीष्म अपने भाई के लिए हर लाया। तीसरी बात, हरण करते समय उसका ध्यान साधारण से तथ्य की ओर भी नहीं गया कि तुम्हारा वय विचित्रवीर्य से कहीं अधिक है। तुम्हारा उसके साथ विवाह असंगत होगा। हस्तिनापुर को सिंहासन का उत्तराधिकारी देने के लिए एक ही कन्या की आवश्यकता थी, फिर भीष्म ने तीनों राजकुमारियों के अपहरण का क्या औचित्य था? और सबसे महत्त्वपूर्व बात यह कि मैंने भीष्म को द्वन्द्व युद्ध की चुनौती दी थी। ऐसे में युद्धभूमि में उसे मेरा वध करना चाहिए था, लेकिन उसने मुझे जीवनदान दिया और आज वह तुम्हें मुक्त कर मुझे स्वयं द्वारा विजित स्त्री दान में देना चाहता है। अम्बा तुम्हारे लिए मेरे मन में बहुत प्रेम, सम्मान और चिन्ता भी है, लेकिन भीष्म का यह दान स्वीकार करना मेरे लिए मृत्यु से भी कष्टकारी होगा। मेरे विचार में तो तुम्हें वरण करने का अधिकार केवल भीष्म को है।"

अम्बा का अग्निस्नान

अम्बा, शाल्व की प्रेम अनुरागिनी तो पहले से ही थी, जिस प्रकार की विषम परिस्थिति का निर्माण अम्बा और शाल्व के जीवन में हो गया था, उसके पीछे शाल्व, भीष्म को सबसे अधिक दोषी मान रहा था। अम्बा के मन में भी यह बात बहुत गहरे तक उतर गयी कि उसकी दुर्दशा के लिए भीष्म ही उत्तरदायी है, लेकिन भीष्म को दण्डित करने का सामर्थ्य न तो शाल्व के पास था और न ही काशीराज इन्द्रद्युमन के पास...।

क्रोध से फनफनायी अम्बा पुनः हस्तिनापुर पहुँची। उसने भीष्म पर आरोपों की झड़ी लगा दी। उसे ज्ञात था कि हस्तिनापुर राजसिंहासन के प्रति प्रतिबद्धता और ब्रह्मचर्य की प्रतिज्ञा का पालन ही भीष्म का ध्येय है। भीष्म को अपना अपराधी मानते हुए उसने कहा कि भीष्म उससे अविलम्ब विवाह करें। अम्बा के हर तरह से दबाव डालने के बावजूद भीष्म टस-से-मस नहीं हुए। भीष्म को सर्वनाश की चेतावनी देते हुए वह हस्तिनापुर छोड़कर चली गयी।

अम्बा की अवस्था घायल नागिन-सी हो गयी थी। भीष्म से प्रतिशोध ही उसका उद्देश्य बन गया था, लेकिन पूरे आर्यावर्त में भीष्म को दण्डित करने का सामर्थ्य किसी में नहीं था। अम्बा भीष्म के गुरु परशुराम तक जा पहुँची, लेकिन उसे अपने उद्देश्य में सफलता नहीं मिली। निराशा के भँवर में फँसी अम्बा ने अग्नि स्नान कर अपनी जीवन लीला ही समाप्त कर ली। स्वयंवर सभा से हरण की गयी अम्बा को केवल अग्निदेव ने ही शरण देना स्वीकार किया। कहते हैं कि मरते समय भी अम्बा का दृढ़ संकल्प था कि इस जन्म में न सही अगले जन्म में वह भीष्म से प्रतिशोध अवश्य लेगी।

अम्बा के इस भयावह अन्त को सुनकर मेरे और अम्बालिका के रोंगटे खड़े हो गये। अम्बा तो हम तीनों में ज्येष्ठ ही नहीं, श्रेष्ठ भी थी। उसका स्वभाव आरम्भ से ही विद्रोही था। अपने साथ हुए अन्याय का विरोध करना वह जानती थी। वह प्रश्न करती थी, काशी से हमारा हरण होने के बाद मेरे और अम्बालिका के मुख से भय के मारे शब्द नहीं फूटते थे, लेकिन अम्बा, भीष्म की आँखों–में–आँखें डालकर उसे 'तुम' सम्बोधित कर सीधे प्रश्न करने का साहस रखती थी। अम्बा के पीड़ादायक अन्त ने मुझे भी भीतर तक झकझोर कर रख दिया। मैं सोच रही थी कि आख़िर क्या लाभ मिला अम्बा को उसके गुणों का? उसके रूप, ज्ञान, प्रखर व्यक्तित्व और साहस ही उसकी दुर्दशा का कारण बन गये। अम्बालिका तो पहले से ही काफ़ी डरी और सहमी रहती थी। अम्बा का हश्र देखने के बाद तो मैंने भी अम्बालिका की ही नीति अपना ली।

विचित्रवीर्य की मृत्यु

इधर, सम्राट विचित्रवीर्य का स्वास्थ्य दिनों–दिन गिरता जा रहा था। राजमाता और भीष्म ने कठोरता दिखाते हुए राजभवन में गणिकाओं का आना प्रतिबन्धित कर दिया। साथ ही विचित्रवीर्य के स्वास्थ्य को देखते हुए उनके भी भवन के बाहर जाने पर रोक लगा दी। राजवैद्यों की औषधियाँ तो सम्राट को निरन्तर दी जा रही थीं। मेरी और अम्बालिका की भूमिका उनकी पत्नी के अलावा एक स्वास्थ्य उपचारिका की भी हो गयी थी। सम्राट को समय से औषधि देना, उनके खान–पान और पथ्य का पूरी तरह से ध्यान रखना हमारा कार्य था। हम दोनों तन-मन से सम्राट की सेवा में लगे थे। हालाँकि, शरीर की वेदना और त्रास सहन न होने पर वे मदिरा का सहारा ले ही लेते थे। गणिकाओं से दूरी बढ़ने से इतना अवश्य हुआ कि उन्होंने मुझसे और अम्बालिका से संवाद करना तो आरम्भ किया। अब हम उनके लिए केवल यौन उपकरण नहीं थे। मैं खुश थी कि महाराज कदाचित् धीरे–धीरे ठीक हो रहे हैं, परन्तु विधाता ने अधिक समय प्रसन्न रहने का अवसर ही प्रदान नहीं किया। एक दिन सम्राट ने रक्त का वमन किया। राजवैद्य उन्हें देखने आते इससे पहले ही उनका श्वास हमेशा के लिए थम गया।

वैसे तो सम्राट विचित्रवीर्य के जीवित रहते भी हस्तिनापुर का राजसिंहासन सूना ही रहता था, लेकिन उनकी मृत्यु के पश्चात् सिंहासन औपचारिक रूप से रिक्त हो गया। आर्यावर्त का सबसे शक्तिशाली सिंहासन न केवल रिक्त था, बल्कि उसका कोई उत्तराधिकारी भी दूर–दूर तक नज़र नहीं आ रहा था।

सत्यवती

साथ में हरण कर लायी गयी बड़ी बहन की मृत्यु हो चुकी थी। जिसके लिए हरण किया गया था, वह भी हमें वैधव्य देकर मृत्युलोक त्याग चुका था, लेकिन राजमाता की महत्त्वाकांक्षा जस-की-तस थी। राजमाता के नियोग के प्रस्ताव को भीष्म नकार चुके थे। समय बीतने के साथ मैं इस विषय को लेकर कुछ आश्वस्त हो चली थी, लेकिन भीष्म का इन्कार राजमाता के इरादों को बदल सकता है, यह सोचना मेरी भूल थी। सत्यवती किस मिट्टी की बनी हुई थीं, यह मैं अब तक समझ ही नहीं सकी थी।

राजमाता सत्यवती से मेरा और अम्बालिका का संवाद कम ही था। जब सम्राट विचित्रवीर्य जीवित थे, तब भी वे हमसे उनकी औषधियों और पथ्य के अलावा कोई चर्चा किंचित ही करती थीं। उनके स्वभाव के रुखेपन और कटुता को देखते हुए मुझे भी उनसे संवाद की कोई उत्सुकता नहीं रही। सम्राट की मृत्यु के समय मुझे इतना अवश्य लगा कि शोक–सन्तप्त माता को सान्त्वना की आवश्यकता होगी, लेकिन राजमाता के मुख पर मुझे शोक या दुख के बजाय चिन्ता ही अधिक दिखाई दी। उनके नयन मुझे पुत्रशोक में कभी नम नहीं दिखाई दिये, लेकिन माथे पर सलवटें हमेशा दिखाई देती थीं। हँसने या मुस्कराने से उन्हें पहले भी परहेज ही रहा था और अब तो मुस्कराने का प्रश्न ही नहीं था, लेकिन एक बात जो मुझे सन्तोष दे रही थी, वह यह कि सिंहासन के उत्तराधिकारी के लिए नियोग की चर्चा फिर कानों में नहीं पड़ी। भीष्म की अस्वीकृति के पश्चात् कदाचित राजमाता वह विचार त्याग चुकी थीं।

बढ़ती आयु के कारण राजमाता सत्यवती के केश श्वेत होने लगे थे। हालाँकि उन्हें देखकर कोई भी कह सकता था कि युवावस्था में निश्चित ही वे काफ़ी सुन्दर रही होंगी। उनका वर्ण ज़्यादा गोरा नहीं था, लेकिन नयन–नक़्श उनके व्यक्तित्व को काफ़ी आकर्षक बनाते थे। जब भी मैं उनकी ओर देखती, तब सोचती कि कैसे महाराज शान्तनु इनके प्रेम में पड़े होंगे। क्या माता सत्यवती इतनी सुन्दर रही होंगी कि हस्तिनापुर का दिग्विजयी सम्राट प्रौढ़ावस्था में उनके प्रेम में दीवानगी की हद तक जा पहुँचा था। राजमाता सत्यवती की आयु तो भीष्म से भी कम दिखाई देती है। सत्यवती–शान्तनु प्रेमकथा के बारे में मुझे बताया गया था कि सत्यवती के प्रेम में पागल शान्तनु के सामने दासराज (सत्यवती के पिता) ने शर्त रखी थी कि यदि सत्यवती के गर्भ से उत्पन्न सन्तान और उनके वंशजों को ही हस्तिनापुर राजसिंहासन सौंपने का वचन दें, तब ही वे इस विवाह के लिए सहमति देंगे। दासराज की अनुचित शर्त शान्तनु ने नहीं मानी, लेकिन सत्यवती के सौन्दर्य और प्रेम में पड़कर वे दीवाने हो चुके थे। राजकाज से लेकर किसी भी कार्य में उनका मन नहीं लगता था और मानसिक अवसाद का प्रभाव स्वास्थ्य पर भी पड़ने लगा था। देवव्रत को जब अपने पिता के प्रेम–प्रसंग और उनकी दयनीय अवस्था के बारे में पता चला, तो वह दासराज के पास पहुँचा। देवव्रत ने न केवल स्वयं राजसिंहासन के त्याग का वचन दिया, बल्कि उसकी आने वाली पीढ़ियाँ सिंहासन पर किसी तरह का दावा न कर सके, इसके लिए उसने आजीवन ब्रह्मचर्य का पालन करने की भीष्म प्रतिज्ञा ली।

राजमाता सत्यवती और मेरे स्वर्गीय ससुर शान्तनु की इस प्रेम कथा को सुनने के पश्चात् मेरे मन में दोनों की छवि बहुत सकारात्मक तो नहीं थी; कैसे दिग्विजयी सम्राट होंगे शान्तनु, जो व्यक्ति अपनी इन्द्रियों पर ही विजय हासिल न कर सके, उसे दिग्विजयी कैसे कहा जा सकता है। यह वही महाराज शान्तनु थे जिनके बारे में कहा जाता है कि उनकी पहली पत्नी गंगा ने एक–एक कर अपने सात शिशु नदी में बहा दिये थे, लेकिन शान्तनु ने अपने वचन में बद्ध होने के कारण इस सम्बन्ध में उनसे कोई प्रश्न नहीं किया था। यही महाराज शान्तनु प्रौढ़ावस्था में एक बार फिर सत्यवती के प्रेम में पागल हो गये और इस बार उनके प्रेम की

क़ीमत चुकानी पड़ी उनके पुत्र को। देवव्रत ने पिता की प्रसन्नता के लिए ऐसी भीष्म प्रतिज्ञा की और सत्यवती उस पर मौन धारण कर बैठी रहीं। क्यों नहीं सत्यवती ने अपने पिता दासराज की शर्त का विरोध किया। क्यों नहीं कहा कि प्रेम में कोई शर्त नहीं होती। राजसिंहासन एक बड़ी जिम्मेदारी होती है। भोग करने की कोई वस्तु नहीं, जिसे अपने पुत्रों या पौत्रों के लिए उपहार स्वरूप प्रदान किया जा सके। कालान्तर में सत्यवती के व्यवहार ने सिद्ध भी कर ही दिया कि सत्ता और सिंहासन उनके लिए कितना महत्त्वपूर्ण हैं और इसके लिए वे किस सीमा तक जा सकती हैं।

एक दिन राजमाता सत्यवती मेरे कक्ष में आयीं। सामान्यतः वे मेरे और अम्बालिका के कक्ष में नहीं आती थीं। परिचारिकाओं से सन्देश भिजवा दिया जाता था और हमें ही राजमाता से भेंट करने जाना होता था, लेकिन इस बार वे स्वयं मेरे कक्ष में आयीं। वह भी बिना किसी पूर्वसूचना के। उनके साथ कोई सेविका या दासी भी नहीं थी। उनके इस प्रकार आने से मुझे न केवल आश्चर्य हुआ, बल्कि भय भी था। आमतौर पर बेहद रूखा व्यवहार करने वाली राजमाता तुलनात्मक रूप से विनम्र थीं।

पूरे कक्ष पर रहस्यमय ढंग से नज़र डालते हुए राजमाता ने कहा–"अम्बिका, तुम्हें हस्तिनापुर आये काफ़ी समय हो चुका है। अब तक तुम यहाँ के गौरवशाली इतिहास, तौर–तरीक़े, परम्पराएँ, शिष्टाचार और समस्याओं के बारे में बहुत कुछ जान चुकी होगी?"

मैं सोच रही थी कि क्या राजमाता यह सब कहने के लिए विशेष रूप से मेरे कक्ष में आयी हैं और क्या पूछ रही हैं। यह मुझसे... गौरवशाली परम्परा... आख़िर क्या गौरवशाली है। इस राज्य में... यही कि राज्य की सीमाओं का विस्तार बहुत अधिक है। राज्य के कोषागार में धन के अकूत भण्डार हैं, लेकिन प्रजा तो कर के बोझ से मरी जा रही है या फिर गौरव की बात यह है कि राजसिंहासन पर बैठने की योग्यता जिस व्यक्ति में है, वह प्रतिज्ञा के नाम पर दस्युओं जैसा आचरण कर रहा है और सिंहासन पर उसे बैठाया जाता है जो योग्यता के नाम पर शून्य है। क्या तौर–तरीक़े और शिष्टाचार हैं? इस राज्य का... कुलीन वर्ग यहाँ रेशमी वस्त्र और महँगे आभूषण पहन स्वयं को अभिजात्य दिखाने की हर सम्भव प्रयत्न करता है। आधुनिकता के नाम पर मदिरापान यहाँ शिष्टाचार का अंग बन गया है।

यह राजमाता जो हर बात पर कुल के गौरव और वंश की परम्परा की बड़ी–बड़ी बातें करती हैं। स्वयं मछुआरों के कुल से नहीं हैं? लेकिन ये केवल मेरे मन की बातें थीं, इन्हें राजमाता के सामने कहने का साहस किसी में नहीं था... सो प्रकट रूप में मैंने राजमाता की बातों में हामी भरी और कहा–"अवश्य राजमाता भरतवंशियों और कुरुकुल की गौरवगाथा भला किसे नहीं मालूम। यहाँ के तौर–तरीक़ों और शिष्टाचार को भी सीखने का मैंने और अम्बालिका ने पूरा प्रयत्न किया है।"

मेरी बातें सुनकर राजमाता के चेहरे पर तनाव कुछ कम हुआ। कुछ कोमल स्वर में वह बोलीं–"तुम्हारे हस्तिनापुर आगमन से लेकर आज तक हमने तुम्हें किसी बात की कमी नहीं होने दी है; क्या यहाँ तुम्हें किसी भी तरह का कष्ट हुआ है?"

मुझे हस्तिनापुर आये एक लम्बा समय हो चुका था, परन्तु आज पहली बार राजमाता ने मुझसे पूछा कि मुझे हस्तिनापुर में कोई कष्ट तो नहीं है। वे मुझसे मेरे स्वास्थ के बारे में पूछताछ कर रही थीं। यह पूछताछ साधारण कुशलक्षेम जानने से काफ़ी अधिक थी। वार्तालाप के दौरान उन्होंने मेरे ऋतु स्राव की सम्भावित तिथियों के बारे में भी जानकारी ले ली। मेरे स्वास्थ्य के सम्बन्ध में इतनी अधिक और सूक्ष्म जानकारी हासिल करने का राजमाता का यह उपक्रम मुझे काफ़ी अजीब लगा। इस दौरान वे मेरे पूरे कक्ष को ऐसे देख रही थीं, मानों निरीक्षण कर रही हों। राजमाता का व्यवहार मेरी समझ से परे था। यह अर्थहीन प्रश्न आख़िर राज़माता क्यों पूछ रही हैं? क्या वास्तव में वे इन प्रश्नों का उत्तर चाहती हैं, लगता तो नहीं हैं। उनके मुख के किसी भी भाव से आत्मग्लानि जैसी कोई भी बात प्रकट नहीं हो रही है... तो फिर अनर्गल प्रश्न क्यों? यदि उनके पूछे गये प्रश्न के उत्तर में मैं सीधे–सपाट ढंग से कह दूँ कि किसी बात की कमी तो हमें काशी में भी नहीं थी। काशी भले ही हस्तिनापुर से कुछ छोटा राज्य रहा हो, लेकिन वहाँ हमारा रुतबा राजकुमारियों का था। सो, भौतिक सुविधाओं के बारे में तो प्रश्न करना ही निरर्थक है। रही बात कष्ट की... तो जिन कन्याओं को उनकी इच्छा के बिना लाया गया हो... जिनका पति निर्वीर्य हो और विवाह के बाद अल्पावधि में ही मृत्यु को प्राप्त हो गया हो, उससे यह प्रश्न करना या तो मूर्खता है या फिर दम्भ है।

राजमाता मूर्ख नहीं हैं, यह मुझे ज्ञात था। मुझमें सत्य और सपाट उत्तर देने का साहस नहीं था और राजमाता को मुझसे ईमानदार उत्तर की अपेक्षा भी न थी, बल्कि ईमानदार उत्तर से बड़ा बवाल हो सकता था।

मैंने उत्तर दिया–"राजमाता के रहते भला हमें क्या कष्ट हो सकता है।"

राजमाता ने कहा–"किसी भी तरह की आवश्यकता हो तो कहने में संकोच न करना। हस्तिनापुर में इतना सामर्थ्य है कि तुम्हारी वांछित वस्तु विश्व के किसी कोने में हो या उसे लाना कितना भी दुरूह हो, तुम्हें उपलब्ध करायी जायेगी।"

कितनी सतही सोच है राजमाता की। उन्हें लगता है कि भौतिक सुख–सुविधा ही सब कुछ है। कक्ष से बाहर निकलने के बाद उन्होंने मुख्य परिचारिका को निर्देश दिया कि अम्बिका की आवश्यकता ही हर वस्तु उसे अविलम्ब उपलब्ध करायी जाये। अचानक से राजमाता की इस अवांछित कृपा का उद्देश्य अब तक अज्ञात था।

उस दिन के बाद तो मानों पूरे राजभवन की परिचारिकाएँ मेरी सेवा–शुश्रूषा में ही जुट गयी थीं। राजमाता के निर्देश पर मेरे कक्ष में भी कुछ बदलाव किये गये। कक्ष की साज–सज्जा और सँवारा गया। शयन शैया को भी और मुलायम व विश्रामदायक बनाया गया। मेरे लिए नये महंगे रेशमी वस्त्र और बहुमूल्य रत्न माणिक्य से बने आभूषण भेजे जा रहे थे। नित्य नये स्वादिष्ट और स्वास्थ्यवर्धक पकवान विशेष रूप से लाये जाने लगे। बिना किसी कष्ट के ही वैद्यों को मेरे स्वास्थ का नियमित रूप से परीक्षण करने के लिए भेजा जा रहा था। स्वाभाविक रूप से मुझे भी अचानक इतना महत्त्व मिलने से सुखद अनुभूति हो रही थी, परन्तु एक भय भी था कि जाने इसके एवज में मुझसे क्या अपेक्षा की जा रही है? शायद मैं व्यर्थ ही तनाव ले रही थी। असल में काशी से हरण के बाद मेरे जीवन में सकारात्मक कुछ हुआ ही नहीं था, इसीलिए हर बात को नकारात्मकता के साथ देखने की आदत-सी पड़ गयी थी। मैं इस नकारात्मकता से बाहर आने का पुरजोर प्रयास कर रही थी...।

वेदव्यास

फिर एक दिन समाचार मिला कि राजप्रासाद में कृष्ण द्वैपायन वेदव्यास आये हुए हैं। उनकी ख्याति पूरे आर्यावर्त में एक महान ऋषि और कुशल चिकित्सक की थी। द्वैपायन का हस्तिनापुर में आना कोई अनोखी बात नहीं थी। इससे पहले भी वे राजमहल में आते रहे हैं, लेकिन द्वैपायन का महल में आना किसी उत्सव से कम नहीं होता। उनके आगमन से पूर्व सूचना आती है। महल में विशेष तैयारियाँ की जाती हैं। उनके आने पर उनसे मिलने और आशीर्वाद लेने वालों का ताँता लगा रहता है।

लेकिन इस बार तो द्वैपायन बिना किसी सूचना के ही आये हैं। उनका दर्शनलाभ लेने के लिए भी कोई नहीं आ रहा है। कदाचित् उनके आगमन की अधिक लोगों को सूचना ही नहीं दी गयी है। इस तरह गुपचुप तरीक़े से द्वैपायन के महल में आने का क्या कारण हो सकता है? क्या उनके आने का समाचार जानबूझकर गुप्त रखा गया है?

लेकिन इन बातों का मुझसे कोई सीधा सरोकार न था। सो, अपने विचारों को विराम देते हुए मैं इस उधेड़बुन से बाहर आ गयी। द्वार पर एक परिचारिका खड़ी थी। उसके हाथ में एक काग़ज़ का एक टुकड़ा था। मैंने परिचारिका को भीतर आने का संकेत किया। परिचारिका ने कहा–"महारानी, आपके लिए राजमाता का सन्देश है, "यह बात कुछ चौंकाने वाली थी। दासियों या परिचारिकाओं के माध्यम से राजभवन में सन्देशों का आदान–प्रदान तो बहुत सामान्य और स्वाभाविक था, लेकिन राजमाता का सन्देश आज मौखिक न होकर लिखित है। काग़ज़ के उस खण्ड पर राजमाता ने केवल इतना ही लिखा था कि "ऋतुस्नान के पश्चात् मुझसे भेंट करो।" बात कुछ विचित्र थी... आख़िर राजमाता को

मेरे ऋतुस्नान से क्या प्रयोजन था? जब वे मेरे कक्ष में आयी थीं, तब भी उन्होंने मेरे ऋतुस्राव की तिथियों के बारे में जानकारी ली थी। मेरे मन में पुनः अमंगल विचार आने लगे। पिछले कुछ समय से राजभवन में मुझे इतना अधिक महत्त्व क्यों दिया जा रहा है? क्यों राजवैद्य और उनका दल निरन्तर मेरे स्वास्थ्य का परीक्षण करते रहते हैं? मेरे खान–पान का इतना अधिक ख़याल रखा जा रहा है?

राजमाता की इस विचित्र–सी आज्ञा के विषय में चर्चा भला मैं किससे करती? मुझे अम्बालिका का स्मरण हुआ और मैं उसके कक्ष में जा पहुँची। अम्बालिका के पास मैं यह सोचकर आयी थी कि बहन के साथ चर्चा कर मन कुछ हल्का हो जायेगा, लेकिन पूरी स्थिति जानकर तो अम्बालिका मुझसे भी अधिक तनाव और अवसाद में आ गयी। स्थिति यह बन गयी कि जो विपत्ति कदाचित् अभी द्वार ही खटखटा रही थी, उससे अम्बालिका के नेत्रों से निरन्तर अश्रुओं की धारा बहने लगी। रोते हुए वह निरन्तर मुझसे प्रश्न कर रही थी कि अब क्या होगा अम्बिका दीदी।

मुझे लगा कि इस प्रकरण के सम्बन्ध में अम्बालिका से चर्चा कर मैंने भूल कर दी है। अम्बालिका आरम्भ से ऐसी ही थी। अत्यन्त भावुक... मन की बात न होने पर रो–रोकर पूरा महल सिर पर उठा लेती थी। अम्बा दीदी में साहस और परिस्थितियों का सामना करने की जो प्रवृत्ति थी, वह अम्बालिका में बिल्कुल भी नहीं थी। सबसे छोटी होने के कारण काशी में वह सबसे लाड़ली ही रही थी। हरण के बाद जब से हम तीनों हस्तिनापुर लायी गयी थीं, तब भी पहले अम्बा दीदी और उसके पश्चात् मैंने उसे मानसिक अवलम्ब देने का पूरा प्रयत्न किया था। कुल मिलाकर भोली–भाली अम्बालिका स्वयं ही इतनी भयाक्रान्त थी कि मुझे परामर्श या मानसिक अवलम्ब देना उसके वश में नहीं था, जो भी हो स्थिति का सामना तो मुझे करना ही पड़ेगा। राजमाता के मन में क्या है? यह तो मैं नहीं जानती थी, लेकिन उनके आदेश का पालन करना आवश्यक था। उनके आदेश के अनुसार ऋतस्नान के पश्चात् मैं उनके कक्ष में पहुँची।

राजमाता सत्यवती जैसे मेरी प्रतीक्षा ही कर रही थीं। मैं काफ़ी डरी हुई थी और राजमाता का मुख हमेशा की तरह भावहीन दिखाई दे रहा था। पिछली बार जब वे मेरे कक्ष में आयी थीं तब उनका स्वर कुछ

कोमल लग रहा था। उनकी बातों में थोड़ा-सा स्नेह भी परिलक्षित हो रहा था, लेकिन आज वे एक बार फिर अपनी चिरपरिचित राजमाता वाली ठसक में दिखाई दे रही थी। मुझे आसन ग्रहण करने को कहकर वे स्वयं अपने आसन से उठकर खड़ी हो गयीं और अपना कक्ष के गवाक्ष से बाहर की ओर देखते हुए बोलीं–"अम्बिका! हस्तिनापुर आर्यावर्त का सबसे शक्तिशाली और विशाल राष्ट्र है और तुम इस महान राष्ट्र की महारानी हो। वैसे तो प्रत्येक नागरिक का अपने राष्ट्र के प्रति कुछ कर्तव्य होता है, लेकिन राजपरिवार की ज़िम्मेदारी कुछ अधिक ही होती है। पहले महारानी और अब राजमाता होने के नाते मैंने अपने कर्तव्य का पालन किया है और एक महारानी के रूप में मेरी तुमसे भी यही अपेक्षा है। आज समय आ गया है कि पूरा हस्तिनापुर राष्ट्र और इस गौरवशाली कुल के पूर्वज तुम्हारी ओर आशा भरी निगाहों से देख रहे हैं। जिस हस्तिनापुर ने तुम्हें महारानी का सम्मान दिया है, वह आज बदले में कुछ माँग रहा है।"

राजमाता की बात सुनकर मेरा दिल तेज़ी से धड़कने लगा। कई दिनों से मुझे आशंका थी कि राजभवन में मेरा अचानक जिस प्रकार से महत्त्व बढ़ा है, वह यों ही नहीं है, लेकिन बिना माँगी इस कृपा का मूल्य मुझे क्या देना होगा। यह अब तक स्पष्ट नहीं था। पिछले कई दिनों से राजकर्मचारियों के व्यवहार से मुझे निरन्तर यह अनुभव कराने का यत्न किया जा रहा था कि मैं हस्तिनापुर की महारानी हूँ। मुझे याद है कि राजवैद्य जब महाराज विचित्रवीर्य का उपचार करते थे, तब मुझे 'देवि अम्बिका' या 'पुत्री' कहकर सम्बोधित किया करते थे, लेकिन अब वे भी मुझे 'महारानी' कहने लगे थे। उस वक़्त तो समझ नहीं सकी, लेकिन अब समझ में आ रहा था कि महारानी के रूप में बलि के लिए प्राणी तैयार किया जा रहा था।

राजमाता यह भी कह रही थीं कि पहले महारानी के रूप में और फिर राजमाता के रूप में उन्होंने अपने हर कर्तव्य का पालन किया है। मुझे उनकी बातें सुनकर बेहद आश्चर्य हुआ। यही वह महिला है, जिसके कारण राज्य के वास्तविक उत्तराधिकारी को सिंहासन से पृथक होना पड़ा है, परन्तु अपनी ग़लती की अनुभूति होना तो दूर यह महिला तो स्वयं को कर्तव्यपालन के आदर्श उदाहरण के रूप में प्रस्तुत कर रही है,

लेकिन अम्बा दीदी का हश्र देखने के बाद हृदय की बात जिह्वा तक लाने का साहस नहीं था। सो मुँह से निकला–"आज्ञा करें राजमाता। भला मैं हस्तिनापुर के लिए क्या कर सकती हूँ। मेरे वश में हुआ तो मैं जो भी सम्भव है, वह अवश्य करूँगी।"

फिर वही हुआ, जिसका मुझे डर भी था और आशंका भी। राजमाता सत्यवती ने कहा–"यह केवल और केवल तुम्हारे लिए ही सम्भव है। महारानी अम्बिका अब समय आ चुका है, जब तुम्हें हस्तिनापुर को एक नया सम्राट देना चाहिए।"

राजमाता की बात सुनकर मेरे हाथ पैर सुन्न हो गये। जिह्वा तो जैसे पंगु ही हो गयी। यह सही है कि मुझे पहले से ही यह अन्देशा था कि राजमाता कुछ इसी प्रकार की बात कहने वाली हैं। मैंने अपने मस्तिष्क को तो इसके लिए मानसिक रूप से तैयार कर ही लिया था, लेकिन हृदय के लिए यह एक बड़ा आघात था।

राजमाता ने अपनी बात जारी रखी–"हस्तिनापुर का सिंहासन लम्बे अन्तराल तक रिक्त नहीं रखा जा सकता। ऐसे में मैंने धर्माचार्यों से मन्त्रणा कर यह निर्णय लिया है कि तुम नियोग के माध्यम से एक ऐसी तेजस्वी सन्तान उत्पन्न करोगी जो आने वाले समय में हस्तिनापुर के राजसिंहासन को सुशोभित करेगा।"

मेरी स्थिति ऐसी हो गयी कि काटो तो ख़ून नहीं। राजमाता की बात मानने की स्थिति में मैं कतई न थीं, लेकिन उनका भय ऐसा था कि मेरे मुँह से शब्द ही निकल नहीं पा रहे थे। ऐसे में मन की अथाह पीड़ा रुलाई के रूप में फूट पड़ी।

राजमाता ने कुछ सख़्ती दिखाते हुए कहा–"अम्बिका... साधारण स्त्रियों की तरह रोना–धोना क्षत्राणियों को शोभा नहीं देता। क्षत्राणी वही है, जो विपरीत स्थितियों में भी अपने कर्तव्य को समझे और उसी के अनुसार आचरण करे। क्या तुम नहीं चाहती कि आगे भी तुम्हारा रूतबा महारानी से कम न हो। यह राजमाता बनकर ही सम्भव है... और मैं तुम्हें यह मौक़ा दे रही हूँ। तुम्हें तो मेरा आभारी होना चाहिए कि यह अवसर मैं अम्बालिका को न देकर तुम्हें दे रही हूँ। तुम्हें ज्येष्ठ होने का लाभ मिल रहा है, तो उस लाभ का आनन्द उठाओ।"

राजमाता के शब्द मेरे कानों से तो टकरा रहे थे, लेकिन हृदय तक नहीं पहुँच पा रहे थे। हस्तिनापुर राजसिंहासन को उत्तराधिकारी देने में मेरी कोई रुचि नहीं थी। इस राजवंश की तथाकथित गौरवशाली परम्परा कल के बजाय आज धूल में मिल जाती, तो भी मुझे इससे कोई सरोकार नहीं था। मेरी चिन्ता का कारण मेरा भय था। मुझे अपनी शय्या ऐसे पुरुष के साथ बाँटनी पड़ेगी, जिससे मुझे लेशमात्र भी प्रेम नहीं है। केवल सन्तान उत्पत्ति के लिए मैं अपना शरीर किसी को भी कैसे सौंप दूँ। वैसे भी मेरे पति कहे जाने वाले सम्राट विचित्रवीर्य ने मुझे प्रणय का जो अनुभव दिया था, वह अति बीभत्स था। उस अनुभव के कारण किसी पुरुष से संसर्ग की कल्पना ही भय के कारण मेरे रोंगटे खड़े कर देती थी।

अपना सारा साहस बटोरकर मैंने राजमाता से कहा–"किसी पुरुष के साथ इस प्रकार का सम्बन्ध बनाने के बारे में मैंने कभी कोई कल्पना नहीं की है और न ही मेरी इसमें रुचि है। आप चाहे तो यह अवसर अम्बालिका को दे सकती हैं।"

घबराहट में जो मेरे मुँह में आया वह मैंने कह तो दिया, लेकिन अगले ही क्षण मुझे स्मरण हुआ कि यह मैंने क्या कर दिया। विपत्ति तो मेरी ओर आयी थी और मैं उसे अम्बालिका की ओर मोड़ने का प्रयत्न कर रही हूँ। राजमाता का प्रस्ताव या फिर यों कहें कि आदेश जितना डरावना मेरे लिए है, उतना ही अम्बालिका के लिए भी तो होगा। अम्बालिका का दिल तो और भी कच्चा है। उसके लिए तो स्थिति का सामना करना और भी मुश्किल होगा।

मेरा उत्तर राजमाता को पसन्द नहीं आया। उन्होंने कुछ ऊँचे और निर्णायक स्वर में कहा–" हस्तिनापुर को उत्तराधिकारी देना और कुरुवंश को आगे बढ़ाना तुम्हारी रुचि और कल्पना पर अवलम्बित नहीं है। इस विशाल राज्य को नया सम्राट देना तुम्हारा कर्तव्य है, यदि तुम्हारी रुचि न हो तब भी।"

अब तक मेरे मन में एक क्षीण-सी सम्भावना थी कि यह मेरे समक्ष रखा गया एक प्रस्ताव है, जिस पर मेरी सहमति बनाने का प्रयत्न किया जा रहा है, लेकिन राजमाता के ये शब्द सुनकर यह भ्रान्ति भी दूर हो गयी। उन्होंने अपनी बात जिस कठोरता से कही थी, उससे यह स्पष्ट हो गया था कि यह प्रस्ताव नहीं अपितु राजमाता का आदेश था।

अब यह मुझे तय करना था कि क्या मुझमें राजमाता के आदेश की अवहेलना करने की शक्ति है...? क्या उनकी आज्ञा को टालने के जो परिणाम होगा, उसे झेलना मेरे वश में होगा? राजमाता के आदेश को टालने का साहस तो भीष्म भी नहीं कर पाते। पहली बार जब माता सत्यवती ने उनके सामने अम्बिका से नियोग का प्रस्ताव रखा तो उन्होंने स्पष्ट रूप से इन्कार कर दिया था। तो अब क्या भीष्म इस प्रस्ताव के लिए तैयार हो गये हैं? क्या राजमाता ने उन्हें इसके लिए विवश किया है? क्या भीष्म अपनी ब्रह्मचर्य की प्रतिज्ञा तोड़ देने के लिए हामी भर दी है? क्या मुझे भीष्म के साथ अपनी शय्या साझा करनी होगी?

जाने किस मिट्टी के बने हैं भीष्म? इसमें कोई सन्देह नहीं था कि भीष्म के समकक्ष कोई भी योद्धा सम्पूर्ण आर्यावर्त में नहीं था। उनका युद्ध कौशल मैं स्वयं के हरण और शाल्व के साथ युद्ध के दौरान देख ही चुकी थी। यह भीष्म का सामर्थ्य और शक्ति ही थी कि रिक्त पड़े हस्तिनापुर राजसिंहासन की ओर किसी ने वक्र दृष्टि डालने का साहस नहीं किया था। यह भी सत्य था कि हरण के पश्चात् उन्होंने मेरे और अम्बालिका के साथ कोई अनुचित व्यवहार नहीं किया था, बल्कि उनकी आँखों से हमारे लिए हमेशा स्नेह ही दिखाई दिया। सम्राट विचित्रवीर्य के स्वास्थ्य या व्यवहार के सम्बन्ध में जब राजमाता सत्यवती मुझे और अम्बालिका पर अनावश्यक दोषारोपण करती थीं, तब भी भीष्म यथासम्भव हमारा पक्ष लेकर हमें राजमाता के कोपभाजन बनने से बचा लेते थे। यह दूसरी बात है कि इस प्रयास में वे स्वयं ही राजमाता के क्रोध का शिकार बन जाते थे। कई बार राजमाता का व्यवहार भीष्म के सम्बन्ध में भी काफ़ी शुष्क और अनुचित जान पड़ता था, लेकिन भीष्म राजमाता से मिले अपमान के घूँट को भी बिना कोई प्रतिक्रिया दिये पी जाते थे। कई बार मैं सोचती थी कि पूरे आर्यावर्त के योद्धा, जिसके धनुष की टंकार से भय खाते हैं, वह शूरवीर भीष्म राजमाता के सामने इस सीमा तक नतमस्तक क्यों है। अम्बा दीदी ने भी भीष्म को कितनी कड़वी बातें कहीं, लेकिन भीष्म ने उन पर भी कभी क्रोध या वैमनस्य प्रकट नहीं किया, तो क्या भीष्म कोई महापुरुष हैं? यदि हाँ, तो फिर कोई महापुरुष किसी स्त्री का अपहरण जैसा जघन्य अपराध कैसे कर सकता है? अम्बा दीदी जैसी सुन्दरी को अस्वीकार करना

किसी पुरुष के लिए सरल नहीं था, लेकिन भीष्म ने उन्हें बड़ी आसानी से अस्वीकार कर दिया। इससे स्पष्ट परिलक्षित होता है कि भीष्म काम और वासना जैसी मानवीय दुर्बलताओं से भी कहीं ऊपर उठ गये थे। तो अब आख़िर क्यों उन्हें अपनी दृढ़प्रतिज्ञा को तिलांजलि देनी पड़ रही है।

प्रश्न तो मेरे मन में कई थे, लेकिन पूछने का साहस नहीं था। मैं राजमाता से पूछना चाहती थी कि यदि भीष्म ब्रह्मचर्य की प्रतिज्ञा तोड़ने को तैयार हो गये हैं, तो क्यों नहीं किसी योग्य कन्या से उनका विवाह करा दिया जाता। हस्तिनापुर को वर्तमान में महाराज और भविष्य के लिए युवराज भी प्राप्त हो सकेगा और मैं भी नियोग से होने वाली शारीरिक और मानसिक पीड़ा से मुक्ति पा सकूँगी, लेकिन सत्तालोलुपता राजमाता के रोम–रोम में समायी है। भीष्म के नियोग से होने वाले विचित्रवीर्य का क्षेत्रज पुत्र सत्यवती को सम्राट के रूप में मान्य होगा... लेकिन यदि भीष्म का औरस पुत्र हो तो शायद सत्यवती को यह स्वीकार न हो। यदि भीष्म या उनके पुत्र को ही स्वीकार करना होता, तो उन्हें सिंहासन त्यागने और ब्रह्मचर्य की प्रतिज्ञा करने की आवश्यकता ही क्या थी। भीष्म की प्रतिज्ञा के कई वर्ष पश्चात् अम्बा का प्रसंग सामने आया और अम्बा ने उन पर विवाह के लिए दबाव डाला था। तब भी माता सत्यवती के माथे पर चिन्ता की रेखाएँ उभर आयी थीं। स्पष्ट था कि सत्यवती को किसी भी सूरत में भीष्म का विवाह या उनकी सन्तान स्वीकार नहीं थी। विचित्र–सा चरित्र था राजमाता का। भीष्म का नियोग पुत्र उन्हें स्वीकार था, क्योंकि वह उनके अपने विचित्रवीर्य का क्षेत्रज पुत्र कहलाता, लेकिन भीष्म का औरस पुत्र उन्हें स्वीकार नहीं था।

अब तक मुझे यह ज्ञात हो चुका था कि राजमाता के आदेश का विरोध कर पाना मेरे वश की बात नहीं थी। इतनी शक्ति और साहस मुझमें नहीं था। हालाँकि, अब भी यह स्पष्ट नहीं था कि राजमाता किस पुरुष को नियोग के लिए नियुक्त करने जा रही हैं। परन्तु सारी परिस्थितियाँ भीष्म की ओर ही संकेत कर रही थीं।

राजमाता ने फिर कहा–"मातृत्व किसी भी स्त्री के जीवन का सबसे महत्त्वपूर्व भाग होता है। मातृत्व के बिना स्त्री का जीवन ही अधूरा माना जाता है। अम्बिका तुम तो भाग्यवान हो कि पति की मृत्यु के पश्चात् भी

तुम्हें धर्मसम्मत प्रक्रिया से माँ बनने का अवसर मिल रहा है और तुम हो कि इस सौभाग्य के लिए ईश्वर का धन्यवाद देने के बजाय टेसुए बहाने में जुटी हो।"

अश्रुओं में डूबी हुई रुलाई के बीच सिसकते हुए मैंने राजमाता से कहा–"माता मातृत्व स्त्री के लिए गौरव का विषय अवश्य होता है, यदि वह मातृत्व प्रेम का प्रतीक हो... इस प्रकार थोपे हुए मातृत्व से मैं किस प्रकार गौरवान्वित हो सकती हूँ। यहाँ तो मुझे नियोग के लिए नियुक्त पुरुष का परिचय तक ज्ञात नहीं है।"

मेरे इस वाक्य ने सत्यवती के क्रोध को हवा दे दी। उन्होंने कहा–"अच्छा, तो तुम्हारी आपत्ति नियोग को लेकर नहीं है, बल्कि इस पर है कि नियोग के लिए नियुक्त पुरुष तुम्हारा प्रेमी नहीं है, तो तुम क्या चाहती हो कि नियोग करने वाले पुरुष का निर्णय तुम्हें लेना चाहिए, ताकि तुम भी अपनी बहन अम्बा की तरह शाल्व जैसे अपने किसी पुराने प्रेमी को नियुक्त कर स्वच्छन्दता करो।"

कितना विष भरा था राजमाता की वाणी में। इतना विष आख़िर यह लातीं कहाँ से हैं, लेकिन अभी उनके विष भरी बातों के तीर समाप्त नहीं हुए थे कि उन्होंने कहा–"यह हस्तिनापुर को उत्तराधिकारी देने के लिए धर्मसम्मत नियोग है, तुम्हारी कामनाओं की पूर्ति का कोई उपक्रम नहीं। इस पवित्र उद्देश्य के लिए नियुक्त पुरुष साधारण नहीं होगा। शास्त्र और ज्योतिष से नियत काल पर ये सम्बन्ध स्थापित होंगे। सम्राट विचित्रवीर्य के योग्य प्रतिनिधि के रूप में नियुक्त इस पुरुष के माध्यम से जनित सन्तान ही इस विराट सिंहासन के योग्य होगी।"

कितना अहंकार है राजमाता को स्वयं से सम्बन्धित हर बात पर। अपने कुल, अपने राज्य, अपने पुत्र और अपने पद पर; इस अहंकारिणी राजमाता से कोई यह प्रश्न कर ले कि सम्राट शान्तनु जैसे महावीर क्षत्रिय पुरुष और सत्यवती जैसी तेजस्वी महिला के संसर्ग से उत्पन्न हुए विचित्रवीर्य इतने रोगी और निर्वीर्य कैसे हो गये? परन्तु हर बार की तरह अन्तर्मन की बात जिह्वा पर लाने के लिए जिस साहस की आवश्यकता होती है, वह तो अम्बा दीदी के साथ ही मर चुका था। अतः सिवाय अश्रु बहाने के मैं कुछ भी न कर सकी।

"अकारण यह अश्रु बहाना बन्द करो और अपने कक्ष में जाओ। तुम्हारे समाधान के लिए बता दूँ कि नियोग के लिए नियुक्त व्यक्ति साधारण मनुष्य नहीं, बल्कि महापुरुष की श्रेणी में हैं। सहज रूप से उनकी ऐसी कृपा किसी के भाग्य में नहीं होती। कुरुवंश भाग्यशाली है कि उसकी वंशबेल को बढ़ाने के लिए ऐसे महापुरुष ने अपना रक्तबीज दान करना स्वीकार किया है। तुम्हारे लिए तो वे तुम्हारे ज्येष्ठ (जेठ--पति का अग्रज) ही है। ध्यान रहे, उनका किसी भी प्रकार से अपमान न होने पाये और न ही उनके प्रयोजन में किसी तरह की बाधा उत्पन्न करना। जाओ अपने कक्ष में उनके आगमन की प्रतीक्षा करो। तुम्हारी आवश्यकता की हर वस्तु कक्ष में पहुँचा दी गयी है।"

राजमाता के कक्ष से मेरे कक्ष की दूरी कुछ ही क़दमों की होगी। लेकिन आज अपने कक्ष की ओर एक–एक क़दम बढ़ाना मेरे लिए कठिन हो रहा था। मेरी आँखों से लगातार अश्रु झर रहे थे और क़दम डगमगा रहे थे। मुझे यह भी ध्यान न रहा कि मुझे इस प्रकार रोते हुए देख राजकर्मचारी क्या सोचेंगे। वीथिका में खड़े सेवकों और दासियों ने मुझे राजमाता के कक्ष से बाहर निकलते देखा था। शायद इसीलिए उनमें से किसी का मेरे समीप आकर अश्रुओं के पीछे का कारण पूछने का भी साहस नहीं हुआ। मुझसे दिखाई गयी सहानुभूति उनके लिए परेशानी का कारण बन सकती थी।

मैं जब अपने कक्ष में पहुँची, तब पाया कि मेरे पीछे कक्ष को व्यवस्थित कर, उसे करीने से सजा दिया है। मुझे अपने कक्ष की साज सजावट से भी घृणा होने लगी। यह सजावट, यह कोमल शय्या, ये पुष्पों का सुवास जो पिछले कुछ दिनों से मेरे कक्ष को सुशोभित कर रहे थे, इनमें से कुछ भी तो मेरे लिए नहीं है। ये सब तो उस आगन्तुक के लिए है, जो कुरुवंश को चलाने के लिए अपना रक्तबीज दान करने का महान कार्य करने वाला है। मेरा सिर पीड़ा से फटने लगा। काशी में मैंने सुना था कि कुछ कामुक लम्पट पुरुष, महिलाओं का शीलभंग करने जैसे अपराध भी किया करते हैं। इस प्रकार के अपराधियों के लिए न्याय व्यवस्था में कड़ा दण्ड होता है। मैंने यह भी देखा था कि पिताश्री ऐसे अपराधियों को कठोर दण्ड सुनाते थे, लेकिन आज तो वह पिता भी मेरी सहायता के लिए नहीं आ सकता था। यदि उनके वश में होता तो हमारा हरण ही न होने देते।

मेरी अवस्था किसी विक्षिप्त महिला-सी हो गयी। राजमाता के सामने जिन भावनाओं को मैंने बलात् रोक रखा था, वे मानों फूट पड़ी थीं। मेरे इस क्रोध, आक्रोश, भय, विद्रोह और अवसाद की मिली–जुली प्रतिक्रिया का शिकार कमरे की निर्जीव वस्तुएँ बनी थीं। भावनाओं का ज्वार जब कुछ नियन्त्रण में आया, तब देखा कि मैं कमरे की साज–सजावट को ध्वस्त कर चुकी थी।

राजमाता ने कहा था कि नियोग के लिए नियुक्त पुरुष मेरे ज्येष्ठ हैं। मैं सोच रही थी कि भीष्म के अतिरिक्त मेरे ज्येष्ठ कौन हो सकते हैं। सौतेले ही सही, लेकिन भीष्म, सम्राट विचित्रवीर्य के बड़े भ्राता हैं। अब तो यह निश्चित हो गया था कि भीष्म के माध्यम से ही यह नियोग होगा। मेरे विचारों में अब भीष्म आने लगे थे। मैंने सोचा भीष्म के आते ही उनसे पूछूँगी कि क्या हमारा हरण कर जो अत्याचार किया था, वह पर्याप्त नहीं था, जो अब नियोग के नाम पर इस घृणित कार्य के लिए राजी हो गये। सन्ध्याकाल बीत चुका था। मुझे अपने कक्ष में दीप जलाने का भी होश नहीं था, जिसके जीवन में ही कोई आलोक न हो, उसके लिए बाहरी प्रकाश का महत्त्व भी कम हो जाता है... कक्ष में अँधेरा देख दासी ने कक्ष के बाहर का ही दीप प्रज्वलित कर दिया। बाहर से मद्धिम प्रकाश कक्ष में आ रहा था। उसी प्रकाश में मैंने सामने लगे दर्पण में स्वयं को देखा। मैं अपनी ही छवि देखकर डर गयी। मैंने स्वयं को सौन्दर्य साम्राज्ञी भले ही न समझा हो, लेकिन अपने रूप–रंग को लेकर सुन्दरता का आभास मुझे हमेशा ही होता था, लेकिन आज तो अपना ही रूप मुझे डरा रहा था।

कमरे के निकट होने वाली हर आहट भी मुझे डरा रही थी। रात्रि का पहला ही प्रहर था और सन्नाटे को चीरती हर ध्वनि मुझे बेचैन कर रही थी। मेरी अवस्था उस हिरनी की तरह थी, जिसे एक पिंजरे में बन्द कर दिया हो और उसी पिंजरे में किसी व्याघ्र को भेजा जाना हो। पिंजरे में बन्द होने के कारण हिरनी के पास स्वयं को दौड़कर बचाने का नैसर्गिक अधिकार भी नहीं था।

कक्ष के द्वार पर कुछ आहट सुनाई दी। एक बार फिर मेरा पूरा तन स्वेद से नहा गया। मैं कक्ष के दूसरे कोने में जाकर खड़ी हो गयी।

द्वार से एक परछाई भीतर आयी। लेकिन यह तो भीष्म नहीं थे। कक्ष में अँधेरा था, लेकिन इतना स्पष्ट समझा जा सकता था कि यह कक्ष के द्वार पर खड़ा व्यक्ति भीष्म नहीं था। भीष्म तो धवल वस्त्र और रजत किरीट धारण करते हैं। परछाई को देखकर पता चल रहा था कि यह व्यक्ति जटा–जूटधारी है। उसकी देह पर पड़ रहे मद्धिम प्रकाश में रुद्राक्ष की मालाएँ भी दिखाई दे रही थीं। यह तो कोई ब्राह्मण जान पड़ता है। उसने अभिवादन किया और कहा–"नमस्कार देवी अम्बिका। आशा है कि राजमाता ने मेरे तथा मेरे यहाँ आने के प्रयोजन के सम्बन्ध में आपको अवगत् करा दिया होगा, परन्तु मैं आपको बताना चाहूँगा कि मेरा नाम वेदव्यास है और कई लोग मुझे कृष्ण द्वैपायन के नाम से भी जानते हैं।"

मेरे लिए यह बेहद अप्रत्याशित और अजीब था। राजमाता की बातें तो मुझे भीष्म की ओर संकेत कर रही थीं। लेकिन मेरे सामने भीष्म नहीं द्वैपायन खड़े थे। मेरा द्वैपायन से यह पहला ही साक्षात्कार था। जैसे ही मेरी दृष्टि उन पर पड़ी, मेरी अवस्था ऐसी हो गयी, मानों स्वप्न में किसी भूत को देख लिया हो। मैं बहुत ज़ोर से चीखना चाहती थी, लेकिन मुँह से आवाज़ ही नहीं निकल पा रही थी। कैसा भयानक रूप था व्यास का। भयंकर काला मुख और वैसा ही शरीर। मुख पर दो बड़ी–बड़ी डरावनी आँखों के सिवाय सभी कुछ उनके श्मश्रु और केशों से आच्छादित था। उनकी भारी–भरकम वाणी ऐसी लग रही थी, मानों मनुष्य नहीं कोई प्रेतात्मा बोल रही हो। वेदव्यास मेरे नज़दीक आये और बोले–"देवी, तुम्हें विदित ही होगा कि मैं यहाँ कुरु राजवंश को उत्तराधिकारी मिल सके, इस उद्देश्य से नियोग कर्म के लिए आमन्त्रित किया गया हूँ। नियोग एक आपधर्म है यानी सामान्य परिस्थितियों में इस प्रकार के कृत्य को पाप समझा जाता है, लेकिन असामान्य या विलक्षण परिस्थियों में धर्म और शास्त्र भी इसकी अनुमति देते हैं।"

इसके पश्चात् महर्षि व्यास मुझे नियोग के शास्त्र सम्मत नियमों के बारे में जानकारी देने लग। "नियोग पहली शर्त यह है कि कोई भी महिला इस प्रथा का पालन केवल सन्तान प्राप्ति के लिए करेगी, न कि आनन्द के लिए। तो इस प्रक्रिया से तुम्हें या मुझे कोई शारीरिक सुख मिल सकेगा, इसकी कल्पना करना भी उचित नहीं है। नियोग में पुरुष का भी यह कर्तव्य है

कि वह केवल धर्म के पालन के लिए इस प्रथा को निभाता है। उसका धर्म केवल सन्तानोत्पत्ति का माध्यम बनने तक ही सीमित है। इस प्रक्रिया से जनित शिशु आपका और स्व. महाराज विचित्रवीर्य का ही पुत्र माना जायेगा। मेरा उस शिशु पर कोई अधिकार न होगा।"

मेरा मन कर रहा था कि महामुनि से सीधे प्रश्न करूँ कि नियोग के सम्बन्ध में बनाये गये सभी नियम आपने बता दिये, लेकिन क्या इस प्रक्रिया में स्त्री की इच्छा का कोई स्थान नहीं है? मेरी मनस्थिति ऐसी थी कि महर्षि से कुछ भी पूछने का साहस ही नहीं हुआ। मारे भय के हृदय का स्पन्दन बेहद तेज़ हो गया। मुझे लगा कि कहीं धमनियों से रक्त ही बाहर न आ जाये। डर के कारण मैंने अपनी आँखें बन्द कर लीं और लगभग अचेतावस्था में पहुँच गयी। गुझे राजमाता की बात स्मरण थी कि 'उनके प्रयोजन' में मुझे बाधा नहीं बनना है। आँखें मूँदकर मैंने अपना शरीर तो उन्हें सौंप दिया, लेकिन शरीर से आत्मा मानों बाहर निकल गयी हो।

नियोग के पश्चात

उनका 'प्रयोजन' सफल रहा था। राजवैद्यों ने चिकित्सकीय परीक्षण के पश्चात् राजमाता को सूचना दी कि मैंने गर्भधारण कर लिया है, लेकिन राजमाता के चेहरे पर अब भी सन्तुष्टि नहीं दिखाई दे रही थी। मुझे इस असन्तोष का कारण ज्ञात नहीं था और सच पूछो तो मुझे उनके असन्तोष की चिन्ता भी नहीं थी। राजमाता के सन्तोष के लिए मैंने अपना शरीर तक भयावह रूप–रंग वाले एक ऐसे पुरुष को सौंप दिया था, जिसे मैं जानती भी न थी। इससे ज़्यादा उनके लिए कुछ कर पाना मेरे लिए सम्भव न था। मेरे मन से धीरे–धीरे राजमाता और हस्तिनापुर का डर भी खत्म होता जा रहा था।

मेरी गर्भावस्था के दिन चढ़ते जा रहे थे। उदर का आकार बढ़ता दिखाई दे रहा था। हस्तिनापुर का भावी सम्राट मेरे गर्भ में पल रहा था, लेकिन इससे न तो मेरे मन में कोई उत्साह था और न ही राजपरिवार का कोई अन्य व्यक्ति उत्साहित नज़र आ रहा था। गर्भावस्था में किसी महिला को जो भी भौतिक सुख–सुविधाएँ चाहिए होती हैं, वे सभी मुझे उपलब्ध थीं, लेकिन जिस प्रेम स्नेह और अपनेपन की मुझे आवश्यकता थी, वह देने वाला कोई नहीं था। अम्बालिका के सान्निध्य से अकेलेपन से कुछ समय मुक्ति अवश्य मिल जाति थी, लेकिन वह बेचारी स्वभाव से इतनी भीरू थी कि उससे अपने मन की व्यथा कहना भी व्यर्थ था। वह बहुत डरी हुई थी और स्वयं को अपेक्षाकृत भाग्यशाली या कहें कम दुर्भाग्यशाली मानती थी कि ऐसा उसके साथ नहीं हुआ। वह मुझसे अक्सर पूछती–"दीदी... यह राजमाता और महर्षि व्यास इतने दावे से कैसे कह सकते हैं कि तुम्हें पुत्र ही होगा। कहीं तुमने पुत्री को जन्म दिया तो..." यह कहने के साथ स्वयं

अम्बालिका ही काँप जाती और हाथ जोड़कर ईश्वर से प्रार्थना करती–"हे ईश्वर! दीदी की कोख से एक बालक को ही जन्म देना अन्यथा इस वंश को उत्तराधिकारी देने का दायित्व किसी और पर न आन पड़े।"

गर्भावस्था में स्वयं का ध्यान रखने के लिए वैद्य और चिकित्सक नियमित रूप से परामर्श दे रहे थे, लेकिन उनका पालन करना मेरे लिए सम्भव नहीं था। मेरे देह के अन्दर एक और जीवन पनप रहा था, लेकिन मेरी मानसिक स्थिति ऐसी न थी कि मैं दो जीवों को पालने की यह दोहरा दायित्व निभा सकूँ। आख़िरकार वह दिन आ ही गया, जिसकी मुझे व्याकुलता से प्रतीक्षा भले ही न हो, लेकिन राजमाता जैसे इसी दिन की बाट जोह रही थीं।

मेरा प्रसव सफल रहा। सुन्दर और स्वस्थ एक शिशु का जन्म हुआ। इस शिशु के जन्म से सबसे ज़्यादा प्रसन्न अम्बालिका थी। स्पष्ट है कि यह प्रसन्नता इस बात की थी कि उसे अब नियोग जैसे किसी प्रक्रिया से नहीं गुज़रना होगा। राजमाता का मन्तव्य पूरा हो चुका था, लेकिन उनके मुख पर अपेक्षित सन्तोष या सुख के कोई चिह्न दिखाई नहीं दे रहे थे।

वे शिशु को देखने के लिए मेरे कक्ष में तो आयीं थी, लेकिन बच्चे को गोद में लेकर उसे प्यार करने का अन्दाज़ ऐसा था, मानों चिकित्सक की तरह शिशु का परीक्षण कर रही हों। सामान्य प्रसव होने के बावजूद चिकित्सकों का पूरा दल महल में ही उपस्थित था। शिशु को टटोलने के बाद राजमाता ने राजवैद्य की ओर प्रश्नवाचक दृष्टि से देखा। राजवैद्य ने कहा–"लगभग तीन सप्ताह के पश्चात् ही निश्चित रूप से कुछ कहा जा सकेगा।" राजमाता ने आँखों से ही उनके उत्तर को ग्रहण किया। राजमाता और राजवैद्य के बीच ऐसी कूट भाषा में संवाद मैंने पहली बार ही देखा था, लेकिन कारण पूछने का कोई अर्थ नहीं था।

मेरा प्रसव बिल्कुल सामान्य रहा था। शिशु का वजन, आकार और स्वास्थ्य भी ठीक ही बताया गया था, लेकिन चिकित्सकों का दल दिन में तीन बार बच्चे का परीक्षण करता था। मेरी समझ में नवजात शिशु का इतनी बार स्वास्थ्य परीक्षण करना अनावश्यक था। परीक्षण के नाम पर चिकित्सक शिशु को कई प्रकार के रंगीन खिलौने और झुनझुने दिखाकर उसकी प्रतिक्रिया का निरीक्षण करते थे।

नवजात शिशु मेरे ही गर्भ से जन्मा था, लेकिन मेरे मन में इस बच्चे के लिए स्नेह का लावा नहीं फूट पा रहा था। मैंने काफ़ी प्रयत्न किया और स्वयं को समझाया कि रक्तबीज किसी का भी हो, लेकिन शिशु तो मेरे रक्त और मज्जा से जनित हुआ है। यह मेरे ही कलेजे का टुकड़ा है। मैं निरन्तर प्रयत्न कर रही थी कि मेरी छाती से शिशु के लिए ममता की निर्मल धारा बहने लगे, लेकिन न जाने क्यों ऐसा हो नहीं रहा था। मन में इस बात का भी भय था कि क्या मैं एक कुमाता सिद्ध हो रही हूँ?

मैं अपने आन्तरिक संघर्ष में डूबी हुई थी। सामने पालने में नवजात शिशु सो रहा था। तभी किसी के आने की आहट हुई। यह राजमाता थीं और उनके साथ राजवैद्य और चिकित्सकों का एक दल भी था। राजमाता के मुख पर क्रोध और निराशा मिश्रित भाव थे। कक्ष में प्रवेश करते ही उन्होंने शिशु को गोद में लिया और उसके नेत्रों का निरीक्षण करते हुए राजवैद्य से पूछा–"आप निश्चित रूप से ऐसा कैसे कह सकते हैं? ऐसा भी तो हो सकता है कि आयु के बढ़ने के साथ स्थिति में परिवर्तन आ सके।" राजवैद्य बोले–"राजमाता यदि इस सम्बन्ध में ज़रा भी सन्देह होता तो मैं इतनी बड़ी बात आपसे कहने का साहस कैसे कर सकता था। केवल मैं ही नहीं आर्यावर्त के श्रेष्ठ चिकित्सक भी शिशु का पूर्ण परीक्षण कर इस निष्कर्ष पर पहुँचे हैं। अब सन्देह की कोई गुंज़ाइश नहीं है।"

वैद्यराज ने एक विशेष यन्त्र के माध्यम से शिशु के नेत्रों में प्रकाश की किरणें प्रविष्ट कीं और राजमाता से कहा–"देखिए राजमाता! तेज़ प्रकाश की किरणों का भी इस शिशु के नेत्रों की पुतलियों पर कोई असर नहीं है। यह इस बात का संकेत हैं कि नेत्रों के अवयवों में किसी प्रकार की चेतना नहीं है।"

राजमाता ने शिशु को फिर से पालने में रख दिया और मेरी ओर देखा। उनकी आँखें अंगारे बरसाती दिखाई दे रही थीं। राजवैद्य और राजमाता की बातें मेरे लिए भी काफ़ी आश्चर्यजनक थीं। राजमाता ने उलहाना देते हुए कहा–"मिल गयी तुम्हारे मन को ठण्डक। आख़िर क्यों मेरे हस्तिनापुर की शत्रु बनी हुई हो। पहले बड़ी बहन ने आत्महत्या कर हस्तिनापुर को सारे जगत में कलंकित कर दिया और अब तुम अपने कृत्यों से हमारी शत्रु बन बैठी हो।"

राजमाता सत्यवती ऐसा क्यों कह रही थीं। मैंने ऐसा क्या किया जो मुझे हस्तिनापुर का शत्रु कहा जा रहा था। यह बात मेरी समझ से बाहर थी। अनिच्छा से ही सही नियोग के माध्यम से मुझे पुत्र तो प्राप्त हो ही गया था। मैंने राजमाता से कहा–"...अब मुझसे क्या अपराध हो गया राजमाता? अनिच्छा से ही सही, मैंने आपकी आज्ञा मानकर हस्तिनापुर को उत्तराधिकारी तो दे ही दिया है। आप क्यों मुझ पर दोषारोपण कर रही हैं...?"

सत्यवती ने कहा–"यह जो बार–बार तुम अनिच्छा से कहती हो न... वही समस्या की जड़ है। तुम्हारी इसी अनिच्छा का परिणाम है कि तुमने एक नेत्रहीन शिशु को जन्म दिया है।"

"नेत्रहीन! क्या कह रही हैं आप? यह शिशु नेत्रहीन कैसे हो सकता है? देखिए कैसी काली, बड़ी और सुन्दर आँखें हैं इसकी।"

स्थिति को बिगड़ते देख राजवैद्य ने हस्तक्षेप किया और बोले– "पुत्री, इसमें कोई सन्देह नहीं कि शिशु की आँखें आकर्षक और सुन्दर हैं, लेकिन यह भी सत्य है कि इन नेत्रों में ज्योति नहीं हैं।"

सत्यवती की नज़र में इस स्थिति के लिए दोषी केवल मैं थी, आरोप की बौछार मेरी ओर कर वे बोलीं–"मैंने तुमसे कहा था कि महर्षि को सहयोग करना, लेकिन तुम नहीं मानी और परिणाम यह है कि आर्यावर्त के सबसे शक्तिशाली राज्य का उत्तराधिकारी नेत्रहीन जन्मा है।"

हस्तिनापुर के उत्तराधिकारी में मुझे कोई रुचि नहीं थी, लेकिन मेरे गर्भ में पले शिशु पर भी मेरे दुर्भाग्य की छाया पड़ गयी है। क्या यह शिशु अपने साथ दुर्भाग्य लेकर जन्मा है। मेरी कोख से जन्म लेना ही इस बेचारे का दुर्भाग्य है। मेरे मन में अचानक से शिशु के लिए स्नेहांकुर फूट पड़ा। मैंने उसे अपनी गोदी में लेकर बार–बार उसके नेत्रों को टटोलना चाहा। विश्वास ही नहीं हो रहा था कि सुन्दर दिखने वाली इन आँखों में ज्योति नहीं है।

मैं स्वयं चकित थी। एक समय ऐसा था, जब कोख से जन्म देने के बावजूद मैं इस शिशु पर मातृत्व की वर्षा नहीं कर पा रही थी और इस शिशु की नेत्रहीनता ने मुझ स्तब्ध कर दिया था। बहती अश्रुधारा के साथ मैंने अपने पुत्र को सीने से लगा लिया।

उधर, राजमाता सत्यवती की जिह्वा निरन्तर विषैले शब्द बाणों की वर्षा कर रही थी। उनकी दृष्टि में इस परिस्थिति के निर्माण का सारा दोष मेरे ही सिर था। अपनी बात को सिद्ध करने के लिए उन्होंने मुझसे पूछा–"अम्बिका... क्या यह सत्य नहीं है कि नियोग प्रक्रिया के दौरान तुमने अपने नेत्र बन्द कर लिए थे?"

मेरी सहनशक्ति की सीमा अब समाप्त हो चुकी थी। स्वयंवर से हरण, इच्छा विरुद्ध विवाह, निर्वीर्य पति, पति की मृत्यु, बलात् नियोग, नेत्रहीन पुत्र... ये सब मैं झेल चुकी थी, लेकिन अब और नहीं।" यह कैसा प्रश्न है राजमाता सत्यवती? पहले आप अपनी पुत्रवधू को नियोग के नाम पर अपनी शैय्या परपुरुष से साझा करने पर विवश करती हैं और अब सबके सामने यह प्रश्न कर रही हैं कि नियोग के दौरान मैंने अपने नेत्र बन्द किये थे या नहीं? क्या यही मर्यादा है इस महान राजवंश की। आपके आदेश पर मैंने अपना तन तक एक अपरिचित को सौंप दिया, लेकिन आपकी अपेक्षाओं की तो कोई सीमा ही नहीं दिखाई देती।"

राजमाता सत्यवती को मुझसे इस प्रकार के उत्तर की अपेक्षा नहीं थी। उन्होंने कहा–"एक पवित्र कार्य को घृणा और अनिच्छा से करने का यही परिणाम होता है। नियोग के तुरन्त बाद ही द्वैपायन ने आशंका प्रकट की थी कि अनिच्छा से नेत्रों को बन्द करने का परिणाम होने वाली शिशु की आँखों पर पड़ सकता है।"

"हाँ, मैंने अपने नेत्र बन्द कर लिए थे अन्यथा क्या करती मैं? क्या विकल्प था मेरे पास। कैसा भयानक रूप था व्यास का? अमावस्या से भी काला उनका मुख स्मरण करते ही भय के मारे अब भी मेरे रोंगटे खड़े हो जाते हैं। उनके नेत्र तो ऐसे लग रहे थे, मानों ज्वलन्त अग्निकुण्ड हो। ऐसे मनुष्य के सामने मैं अपने नेत्र बन्द न करती तो क्या करती?" मैंने अपनी स्थिति स्पष्ट करते हुए कहा।

मेरी बात सुनकर राजमाता बुरी तरह से खीझ गयीं और कहा–"मूढ़बुद्धि अम्बिका... तुम अब भी समझ ही नहीं पा रही हो कि नियोग का अर्थ मात्र रतिक्रीड़ा नहीं है। यह सन्तोनोत्पति का महायज्ञ है, जिसमें पवित्र हवनकुण्ड और उसमें समर्पित की जाने वाली समिधा दोनों ही अत्यन्त महत्त्वपूर्ण है। तभी अलौकिक यज्ञ प्रकाश उत्पन्न हो सकेगा।"

राजमाता का यह तर्क भी मुझे प्रभावित न कर सका। मैंने कहा—"नियोग से पूर्व ही महामुनि से मुझे बताया था कि यह केवल सन्तान प्राप्ति का उपक्रम है। इसमें आनन्द प्राप्ति का कोई स्थान नहीं है। तनिक विचार कीजिए, क्या बिना प्रेम, बिना आनन्द, भावना शून्य होकर की गयी असामान्य प्रक्रिया से सामान्य शिशु प्राप्त हो सकता है? "राजमाता अपनी बात पर अड़ी हुई थीं, लेकिन अब कुछ भी करने के लिए काफ़ी देर चुकी थी। लगभग पैर पटकते हुए वे मेरे कक्ष के बाहर चली गयीं।

राजभवन में मैं एक बार फिर पहले की तरह उपेक्षित हो गयी थी। मेरे पुत्र का नाम धृतराष्ट्र रखा गया। धृतराष्ट्र यानी वह राष्ट्र जहाँ योग्य राजा का शासन हो। दृष्टि से लाचार मेरे इस पुत्र को सामान्य शिशु से ज़्यादा देखभाल की आवश्यकता थी। अतः मैं पूरी तरह से अपने पुत्र के पालन में जुट गयी। व्यस्तता ऐसी हो चली थी कि सूर्य कब उदय होकर अस्त भी हो जाता, पता ही न चलता। इसी दौरान मेरी अम्बालिका से भेंट भी कदाचित ही हो पाती थी।

अम्बालिका और वेदव्यास

एक दिन समाचार मिला कि द्वैपायन पुनः हस्तिनापुर पधारे हैं। एक जगप्रसिद्ध ऋषि होने के कारण उनका सान्निध्य प्राप्त होना जनसामान्य के लिए आनन्द का विषय होता है, लेकिन मेरे अनुभव जनसामान्य की भाँति नहीं थे। यही कारण है कि व्यास के आगमन ने मेरी चिन्ता को और भी बढ़ा दिया था। मैंने तय कर लिया था कि अब यदि राजमाता मुझे नियोग के लिए विवश करेंगी, तो मैं विद्रोह कर दूँगी, लेकिन राजमाता की ओर से अब तक कोई सन्देश नहीं मिला था। मैं इस बारे में सोच ही रही थी कि अम्बालिका मेरे कक्ष में आयी। उसका मुख बता रहा था कि वह रात भर सोयी नहीं है। उसकी आँखें सूजी हुई थीं। मैंने उसका हाथ थामा ही था कि वह मेरे गले लगकर रोने लग गयी, "दीदी... मेरी सहायता करो। कल जिस चक्र में तुम घिर गयी थी, उसी स्थिति में नियति ने आज मुझे लाकर खड़ा किया है।" मैंने अम्बालिका से सीधा प्रश्न किया—"क्या राजमाता ने तुम्हें वेदव्यास से नियोग का आदेश दिया है।"

"हाँ, लेकिन मैं कतई तैयार नहीं हूँ दीदी। मैं आत्महत्या कर लूँगी।"

मैंने कहा—"समझदारी से काम लो अम्बालिका। आत्महत्या से भला क्या हासिल होगा? अम्बा दीदी पहले ही अग्निस्नान कर चुकी हैं... क्या तुम उनकी जैसी मृत्यु चाहती हो?"

"तो मैं क्या करूँ दीदी?"

"वही जो मैं न कर सकी।"

"तात्पर्य?"

"राजमाता से स्पष्ट कहो कि तुम्हें यह प्रस्ताव स्वीकार नहीं है।"

"लेकिन तुम जानती हो कि यह उनका प्रस्ताव नहीं, आदेश है।"

"हाँ, तो कहो कि तुम्हें उनका आदेश स्वीकार नहीं है।"

"यह क्या कह रही हो दीदी? तुम जानती हो राजमाता का आदेश हस्तिनापुर में कोई नहीं टाल सकता। उनके आदेश को न मामने का परिणाम अच्छा नहीं होगा।"

मैंने कहा–"जो भी होगा आत्महत्या से बुरा तो नहीं होगा न, तुम तो आत्महत्या का विचार कर रही थी।"

अम्बालिका ने कहा–"तो तुमने ऐसा क्यों नहीं किया? जिस बात का साहस तुम नहीं कर सकी, वह मैं भला कैसे कर सकती हूँ?"

मेरे मुँह पर एक फीकी मुस्कान आ गयी–"मैंने तो आत्महत्या जैसा क़दम उठाने की भी कल्पना नहीं की थी, लेकिन वह कल्पना तो तुमने कर ली... इसलिए यह मत कहो कि जो मैं नहीं कर सकी वह तुम भी नहीं कर सकोगी। मैं राजमाता का आदेश मानने से इन्कार नहीं कर सकी और इसका मैं भारी मूल्य भी चुका रही हूँ। इसीलिए तुम्हें परामर्श दे रही हूँ कि उनका आदेश मानने से इंकार कर दो।" मैंने ये बात अम्बालिका से कह तो दी, लेकिन मुझे विदित था कि अम्बालिका में इतना साहस ही नहीं है कि वह राजमाता के सामने मुँह भी खोल सके।

अन्ततः वही हुआ जो होना था; अम्बालिका न तो राजमाता के आदेश की अवहेलना कर सकी और न ही आत्मघात जैसा कोई कदम उठा सकी; उसने भी वही रास्ता चुना जो मैंने चुना था; अम्बालिका को होने वाली पीड़ा को मैं भलीभाँति समझ सकती थी, क्योंकि मैं स्वयं भी इससे गुजर चुकी थी। मुझे लगा कि आत्महत्या को भले ही कायरों का कृत्य माना जाता हो, ऐसा करना सरल नहीं होता हम तीनों बहनों में सबसे साहसी और बुद्धिमान समझी जाने वाली अम्बा दीदी अग्निस्नान कर अपने प्राण दे चुकी थी जबकि सबसे छोटी और भावुक समझी जाने वाली अम्बालिका इसके लिए साहस नहीं जुटा पायी।

अम्बालिका ने गर्भधारण कर लिया। मेरे अनुभव के आधार पर अम्बालिका ने इतना अवश्य किया था कि वेदव्यास के समक्ष अपने नेत्र बन्द नहीं किये। राजमाता कुछ उत्साहित थीं कि इस बार एक विकलांग नहीं बल्कि हस्तिनापुर राजसिंहासन के लिए योग्य उत्तराधिकारी जन्मेगा। परन्तु अम्बालिका के मन और देह पर इसका विपरीत परिणाम हुआ था। अम्बालिका का स्वास्थ्य स्पष्ट संकेत दे रहा था कि उसकी गर्भावस्था सामान्य नहीं है। राजवैद्य और विशेषज्ञ चिकित्सक उसके उपचार का भरसक प्रयत्न कर रहे थे, लेकिन कदाचित् उसकी मनस्थिति ऐसी थी

कि चिकित्सकों की औषधियों का कोई विशेष लाभ होता दिखाई नहीं दे रहा था। रक्ताल्पता के कारण अम्बालिका की देह पीली दिखाई देने लगी थी, हाथ–पैर शिथिल और मुख क्लान्त लगने लगा था। गर्भावस्था के सप्तम् माह में ही अम्बालिका को प्रसव हो गया। नवजात शिशु बहुत दुर्बल था और वह पीत रोग के साथ जन्मा था। अम्बालिका का स्वास्थ्य भी इतना बिगड़ चुका था कि उसके स्तनों से दूध तक नहीं उतर पा रहा था। शिशु का आकार और वज़न इतना कम था कि उसे स्पर्श करने में भय लगता था... उसके शरीर की त्वचा भी पीलपन लिए थी। राजवैद्य ने ये भी स्पष्ट किया कि शिशु में कई शारीरिक दुर्बलताएँ हैं, जिनका असर भविष्य में भी उसके स्वास्थ्य पर देखा जा सकता है।

अम्बालिका दोहरे कष्ट में थी... वह स्वयं बहुत अस्वस्थ थी और स्वाभाविक रूप से उसे अपने शिशु की भी चिन्ता होगी। हस्तिनापुर को सक्षम उत्तराधिकारी देने के उद्देश्य से किया गया राजमाता का ये उपक्रम भी विफल होता प्रतीत हो रहा था। उनके मुख पर विफलता की हताशा स्पष्ट दिखाई दे रही थी। अनजाने में ही राजमाता की ये हताशा मुझे बड़ी शांति प्रदान कर रही थी... मन के किसी कोने में ये भाव था कि हमें विवश कर कष्ट पहुँचाने वाली ये स्त्री अपने मन्तव्य में सफल नहीं हो सकी है।

अम्बालिका के पुत्र का नाम उसके वर्ण के आधार पर पाण्डु रखा गया। पाण्डु का अधिकतर समय चिकित्सकों की देखरेख में ही बीतता था... साधारण से ऋतु–परिवर्तन को भी उसकी प्रकृति सहन नहीं कर पाती थी और उसे ज्वर घेर लेता था, उस पर अम्बालिका का स्वास्थ्य भी ठीक नहीं था ऐसे में धृतराष्ट्र के साथ पाण्डु की देखरेख का दायित्व भी मुझ पर ही आ गया था। संसार के लिए भले ही धृतराष्ट्र नेत्रहीन और पाण्डु रुग्ण हो, लेकिन मेरे लिए तो ये दोनों ही मेरा संसार बन गये थे।

राजमाता का व्यवहार हमसे और अधिक रूखा व कटु होता जा रहा था, लेकिन अब मुझे उसकी चिन्ता नहीं थी। एक दिन मैं शयन से पूर्व धृतराष्ट्र और पाण्डु को कहानी सुना रही थी। तभी राजमाता का आगमन हुआ। दोनों बच्चे स्नेह से राजमाता सत्यवती की गोद में में चढ़ गये।

सत्यवती ने धृतराष्ट्र से पूछा–"इतना विलम्ब हो गया तुम अब तक सोये क्यों नहीं?"

धृतराष्ट्र बोला–"माँ मुझे और पाण्डु को कहानी सुना रही थी।"

"अच्छा, कौन सी कहानी?" सत्यवती ने पूछा

"बन्दर और मगरमच्छ की कहानी।"

"तुम्हारी माता तुम्हें जानवरों की काल्पनिक कहानियाँ ही सुनाया करती है या भरतवंश के प्रतापी राजाओं के दिग्विजय की सच्ची कहानियाँ भी सुनाती है?" सत्यवती ने मेरी ओर देखते हुए व्यंग्य से पूछा।

"राजमाता, ये दिग्विजय क्या होती है?" प्रश्न धृतराष्ट्र का था।

"पुत्र, तुम्हारी माता यदि थोड़े संयम से काम लेतीं तो आने वाले समय में तुम्हारा नाम भी कुरुवंश के दिग्विजयी सम्राटों में शामिल होता" स्पष्ट का था कि ये उत्तर राजमाता ने धृतराष्ट्र को ओर नहीं, मेरी ओर लक्ष्य कर दिया था।

मैंने कहा—"राजमाता, क्यों एक नेत्रहीन बालक को उसकी विकलांगता का अनुभव करवाने की चेष्टा कर रही हैं।"

"क्या अनुचित कह रही हूँ मैं, वह भी तो जाने कि उसकी विकलांगता के लिए दोषी कौन है वेदव्यास जैसे महामुनि से नियोग के पश्चात् भी तुम दोनों बहनें एक विकलांग व एक रुग्ण पुत्र को ही जन्म दे सकी हो, क्या ये दोष महर्षि के रक्तबीज का है?"

मैं राजमाता के शब्दों के विषबाण का उत्तर देना चाहती थी, उनसे पूछना चाहती थी कि आपके पास तो प्रतापी और दिग्विजयी सम्राट शान्तनु का रक्तबीज था, तो फिर आपने क्यों विचित्रवीर्य जैसे निर्वीय को जन्म दिया? आपको तो किसी ने नियोग के लिए विवश भी नहीं किया था? लेकिन मन में आयी इस बात को मैं प्रकट रूप में कह न सकी, हालाँकि अब मुझे राजमाता से तनिक भय नहीं लगता था... वो कहते हैं न कि एक सीमा के आगे डर भी समाप्त हो जाता है; लेकिन मैं उनके साथ किसी व्यर्थ के विवाद में नहीं पड़ना चाहती थी हाँ मैंने उन्हें प्रसन्न रखने का प्रयास करना छोड़ दिया था।

इसी तरह समय बीत रहा था कि एक वर्ष बाद वेदव्यास पुनः हस्तिनापुर में थे। जगत के लिए व्यास भले ही एक महान तपस्वी को ऋषि थे, लेकिन हमारे लिए उनकी पहचान नियोग—पुरुष के रूप में थी। वेदव्यास के आगमन की सूचना पाकर अम्बालिका भी बेहद डरी हुई थी। अम्बालिका ने मुझसे प्रश्न किया—"क्या अब एक बार फिर नियोग होगा। "मैंने कहा—" पता नहीं, लेकिन अगर राजमाता की मंशा ऐसी है तो ये तय है कि उनमें तनिक भी शर्म या नैतिकता नहीं बची है।"

दासी के गर्भ से विदुर का जन्म

अम्बालिका की आशंका सत्य ही थी; राजमाता की मंशा तीसरी बार नियोग के माध्यम से एक और शिशु प्राप्त करने की थी। अम्बालिका का तो स्वास्थ्य इतना क्षीण था कि उसके लिए गर्भधारण करना ही असम्भव दिखाई दे रहा था ऐसे में अति महत्त्वाकांक्षी सत्यवती की अपेक्षाओं का पहाड़ मेरे सिर पर रखा जा रहा था।

अम्बालिका ने मुझसे पूछा–"अब क्या करोगी दीदी?"

इस बार मैंने पहले ही निर्णय कर लिया था–"अम्बालिका, चाहे कुछ भी हो जाये मैं नियोग के नाम पर इस अत्याचार को अब कदापि सहन नहीं करूँगी।"

अब तक राजमाता का सन्देश नहीं आया था, लेकिन तय था कि सन्देश जल्द ही आयेगा। ये भी तय था कि राजमाता के आदेश को सीधे नकार देने का अर्थ एक बहुत बड़े विवाद को निमन्त्रण देना था; आपने आदेश का पालन करवाने के लिए वे किसी भी सीमा तक जा सकती थीं।

सामने एक बार फिर बड़ी मुसीबत खड़ी थी। मैं इस परेशानी से निपटने का उपाय सोच रही थी। बालक धृतराष्ट्र रो रहा था और मर्यादा नाम की दासी उसे चुप कराने की कोशिश कर रही थी। मर्यादा मेरी पुरानी और विश्वस्त दासी थी। उसने मेरी परेशानी को भांप लिया और पूछा–"महारानी अम्बिका, क्या मैं आपकी कोई सहायता कर सकती हूँ?"

मैंने कहा–"मर्यादा, तुम तो मेरी परेशानी भलीभाँति जानती हो; मेरी समस्या ही ऐसी है कि तुम तो क्या कदाचित् कोई भी मेरी सहायता नहीं कर सकता।"

मर्यादा को परिस्थिति का पूरा अनुमान था, वह बोली–"देवी हर समस्या का कोई न कोई हल अवश्य होता है, शान्त चित्त से विचार करें तो आपकी समस्या का हल भी निकल ही आयेगा।"

मर्यादा की बात पर मुस्कराते हुए मैंने कहा–"कैसे कोई हल निकल आयेगा; क्या मेरे स्थान पर तू वेदव्यास के पास चली जायेगी?"

"आप आदेश करेंगी महारानी तो मैं आग के कुएँ में कूद जाऊँगी।" मर्यादा के स्वर में पर्याप्त गम्भीरता थी

एक ठण्डा श्वास छोड़ते हुए मैंने मर्यादा से कहा–"इससे भी समस्या हल कहाँ होगी; जब ये रहस्योद्‌घाटन होगा कि अम्बिका ने अपने स्थान पर दासी को वेदव्यास के पास नियोग के लिए भेज दिया है तो हम दोनों को ही आग के कुएँ में डाल दिया जायेगा।"

मर्यादा मेरे सामने ऐसे बैठी हुई थी मानों किसी गहरी सोच में डूबी हो। मैंने अपनी बात जारी रखी–"तेरा तो अभी विवाह भी नहीं हुआ है, वेदव्यास के पास भेजकर तेरे शील भंग का पाप भला मैं कैसे कर सकती हूँ।"

मेरी बात सुनकर मर्यादा बोली–" क्षमा करें महारानी, आपकी और देवी अम्बालिका की स्थिति देखकर तो विवाह की किंचित भी अभिलाषा शेष नहीं रह गयी है; आप जैसी कुलीन राजकन्याओं का विवाह के पश्चात् ये हश्र हो सकता है तो भला हम जैसी साधारण कन्याओं का क्या होगा हमारे समाज और जाति में तो मदिरापान कर स्त्रियों से मारपीट करने वाले पुरुषों की कमी नहीं है तो मेरे शील भंग की चिन्ता न करें" मर्यादा ने रहस्यमयी मुस्कान के साथ मेरी ओर देखते हुए कहा।

मुझे मर्यादा की बात कुछ समझ नहीं आयी मैंने कहा–"तू कहना क्या चाहती है मर्यादे?"

मर्यादा मेरे निकट आ गयी और बड़े प्रेम से मेरा सिर दबाने लगी मुझे परेशानी में देखकर मर्यादा अक्सर मेरा सिर दबाकर मुझे विश्रांति पहुँचाने का प्रयत्न करती थी। अँगुलियों से मेरे सिर पर दबाव डालते हुए उसने कहा–" दीदी, मेरे पास एक योजना है जिससे साँप भी मर जाये और लाठी भी न टूटे।"

"पहेलियाँ न बुझा मर्यादा, स्पष्टता से बोल।"

"आपका आग्रह है महारानी तो स्पष्ट ही कहती हूँ; क्या आपको विदित है कि आपकी सास यानी राजमाता सत्यवती ने अपनी वंशबेल को आगे बढ़ाने के लिए महर्षि वेदव्यास का चयन ही क्यों किया?"

"तू क्या द्वैपायन वेदव्यास के नाम से परिचित नहीं है, वे एक महान ऋषि व तपस्वी हैं इसीलिए उनका चयन किया गया होगा... और इस बात से अन्तर भी क्या पड़ता है मर्यादा व्यास के स्थान पर कोई अन्य पुरुष होता तब भी मेरी नियोग के प्रति अरुचि वैसी ही रहती।" मैं मर्यादा को समझाने का प्रयत्न कर रही थी कि समस्या वेदव्यास नहीं बल्कि स्वेच्छा विरुद्ध नियोग के लिए बाध्य किया जाना है।

मर्यादा ने कहा–" यही तो मैं आपको समझा रही हूँ; व्यास के स्थान पर किसी और का होना सम्भव ही नहीं है... आर्यावर्त में उच्च कुल–गोत्र के ऋषि, मुनि या तपस्वियों की कोई कमी नहीं है, लेकिन नियोग के लिए वेदव्यास के चयन के पीछे एक कारण है, जिसके बारे में आपको व राजपरिवार के अधिकतर लोगों को जानकारी नहीं है।"

मर्यादा की बातें आश्चर्यचकित करने वालीं थीं, मैंने पूछा–"भला क्या है वह कारण जरा खुलकर कहो।"

"महारानी मैं जो कहने जा रही हूँ वह ध्यान से सुनिए।" ये कहकर मर्यादा मेरे एकदम निकट आ गयी ताकि हमारी बात कोई सुन न सके। कक्ष का द्वार पहले से ही बन्द था, ऐसे में हमारी वार्त्ता किसी और के द्वारा सुने जाने की सम्भावना न के बराबर थी, फिर भी मर्यादा अतिरिक्त सावधान रहना चाहती थी।

"राजमाता ने नियोग के लिए वेदव्यास को आमन्त्रित इसलिए किया है, क्योंकि इस नियोग से न केवल हस्तिनापुर को स्वर्गीय महाराज विचित्रवीर्य का क्षेत्रज पुत्र प्राप्त होगा, बल्कि स्वयं राजमाता की वंशबेल भी आगे बढ़ सकेगी।"

"क्या मूर्खतापूर्ण बातें कर रही हो मर्यादा राजमाता की वंशबेल और हस्तिनापुर को विचित्रवीर्य के क्षेत्रज पुत्र के रूप में उत्तराधिकारी मिलना ये दोनों एक ही तो बात है।"

"एक बात है नहीं महारानी, राजमाता ने इसे एक बात बना दिया है; आप कदाचित् मुझ पर विश्वास न करें, लेकिन वेदव्यास के नियोग से

उत्पन्न सन्तान आपकी दृष्टि में भले ही विचित्रवीर्य की क्षेत्रज सन्तानें हों लेकिन राजमाता सत्यवती के लिए ये उनके पुत्र की औरस सन्तानें ही हैं।"

"कैसे?"

"क्योंकि वेदव्यास, राजमाता सत्यवती के पुत्र हैं।"

"कहीं तू पागल तो नहीं हो गयी है मर्यादा, जानती भी है क्या बक रही है?"

"मेरा विश्वास करें महारानी, महर्षि वेदव्यास का जन्म राजमाता सत्यवती के गर्भ से हुआ है।"

मुझे मर्यादा के कथन पर विश्वास ही नहीं हो रहा था... ये कैसे सम्भव है, कहीं मर्यादा झूठ तो नहीं बोल रही है, परन्तु हस्तिनापुर राजभवन की एक साधारण दासी, राजमाता के सम्बन्ध में ऐसा झूठ बोलने का साहस कैसे कर सकती है। मैंने उससे पूछा–" किस आधार पर तुम राजमाता के सम्बन्ध में इतने दावे के साथ कह रही हो? क्या प्रमाण है तुम्हारे पास?"

मर्यादा ने पूरे आत्मविश्वास से उत्तर दिया– "महारानी मेरे पास कोई प्रमाण नहीं है, लेकिन मैं जो कह रही हूँ वह अक्षरशः सत्य है, महारानी मेरे अलावा भी महल के कई राजकर्मचारियों को ये विदित है, पूरे महल में इस बारे में कानाफूसी चल रही है... "

मैंने कहा– "महल के कर्मचारी कुछ भी मूर्खतापूर्ण बात करें तो क्या वह सत्य हो जायेगा, मुझे अब भी इस बात पर विश्वास नहीं है।"

मुझे विश्वास दिलवाने के क्रम में मर्यादा ने अपने सूचना के स्रोत का भी खुलासा कर दिया और बोली–"महारानी आप तो जानती हैं कि मेरी मौसी रेणुमति, राजमाता की निजी सेवा में कार्यरत् कर्मचारियों में है... मौसी ने स्वयं राजमाता सत्यवती और महर्षि वेदव्यास के मध्य का संवाद सुना है, जिसमें व्यास, राजमाता सत्यवती को माता कहकर सम्बोधित कर रहे थे।"

मैंने और कुरेदने की दृष्टि से कहा–"...तो क्या हुआ, महर्षि व्यास काफ़ी विनम्र हैं; राजमाता उनसे आयु में काफ़ी अधिक हैं, कदाचित् उन्हें सम्मान देने के लिए माता कहकर सम्बोधित करते हों, इससे ये तो सिद्ध नहीं होता कि राजमाता उनकी जैविक माता है... और व्यास ने उन्हीं की कोख से जन्म लिया है,"

"उनके बीच का वार्त्तालाप सुनकर सन्देह की कोई गुंजाइश ही नहीं है; मौसी ने उनकी बातें विस्तार से सुनी हैं... ये राजमाता के जीवन का वह इतिहास है कि जिसे कम ही लोग जानते हैं... आप ये तो जानती हैं कि राजमाता दासराज नामक एक केवट की पुत्री हैं।"

"हाँ, मैंने सुना है।"

"लेकिन वह केवट दासराज, राजमाता का जैविक पिता नहीं है।"

"तुम्हारी बुद्धि तो ठिकाने पर है मर्यादा, अभी तुम कह रही थी कि वेदव्यास ने राजमाता सत्यवती की कोख से जन्म लिया है...अब इसके बारे में विस्तार से बताने के बजाय तुम ये कह रही हो कि जिसे अब तक सब लोग राजमाता का पिता समझते हैं, वह दासराज उनका पिता है ही नहीं; तो फिर कौन है राजमाता सत्यवती का जैविक पिता और हमारी वर्तमान समस्या का इन बातों से क्या सम्बन्ध है? "

मर्यादा तनिक मुस्कराई और बोली–"इसके लिए आपको धैर्य से एक कहानी सुननी पड़ेगी।"

"मर्यादा, मेरा मन अभी किसी प्रकार की कथा या कहानी सुनने का नहीं है।"

महारानी थोड़ा धैर्य रखिए, अभी सारी कड़ियाँ एक दूसरे से जुड़ जायेगी और आपकी जिज्ञासा भी शान्त हो सकेगी।

मर्यादा ने अपनी कथा सुनाना आरम्भ कर दिया–"...सुधन्वा नाम के एक राजा थे, एक बार वे आखेट के लिए वन में गये। उनके जाने के बाद ही उनकी पत्नी रजस्वला हो गयी। उसने इस समाचार को अपने शिकारी पक्षी के माध्यम से राजा तक भेजवाया। समाचार पाकर महाराज सुधन्वा ने एक दोने में अपना वीर्य निकालकर पक्षी को दे दिया... पक्षी उस दोने को राजा की पत्नी के पास पहुँचाने के लिए आकाश में उड़ चला। मार्ग में उस शिकारी पक्षी को एक दूसरा शिकारी पक्षी मिल गया। दोनों पक्षियों में युद्ध होने लगा। युद्ध के दौरान वह दोना पक्षी के पंजे से छूट कर यमुना में जा गिरा। यमुना में ब्रह्मा के शाप से मछली बनी एक अप्सरा रहती थी। मछली रूपी अप्सरा, दोने में बहते हुये वीर्य को निगल गयी तथा उसके प्रभाव से वह गर्भवती हो गयी। गर्भ पूर्ण होने पर एक मछुआरे ने उस मछली को अपने जाल में फँसा लिया। मछुआरे ने जब मछली को चीरा तो उसके पेट

से एक बालक तथा एक बालिका निकली। मछुआरा उन शिशुओं को लेकर महाराज सुधन्वा के पास गया। राजा सुधन्वा के पुत्र न होने के कारण उन्होंने बालक को अपने पास रख लिया, जिसका नाम मत्स्यराज हुआ। बालिका मछुआरे के पास ही रह गयी और उसका नाम मत्स्यगन्धा रखा गया, क्योंकि उसके अंगों से मछली की गन्ध निकलती थी; इसी कन्या को अब राजमाता सत्यवती के रूप में जाना जाता है।"

मैंने मर्यादा को बीच में ही टोक दिया–"क्या मूर्खतापूर्ण कथा है मर्यादा, मैं इस कथा पर किंचित भी विश्वास नहीं कर सकती... और फिर इस कथा का वेदव्यास से क्या सम्बन्ध है?"

"मुझे ज्ञात है कि ये कथा सत्य से परे है, आप क्या कोई भी इस कथा पर विश्वास नहीं करेगा; शायद इस कथा को गढ़ा ही इसलिए गया है कि राजमाता सत्यवती को साधारण केवट या मछुआरे की पुत्री न मानकर राजकन्या के रूप में मान्यता दी जाये; लेकिन आगे की कथा न केवल सत्य है बल्कि सत्यवती और वेदव्यास के माता और पुत्र के सम्बन्ध स्थापित करती है।" ये कहकर मर्यादा ने अपनी बात जारी रखी... "इसी मत्स्यगन्धा यानी सत्यवती का पाराशर नाम के एक ऋषि से प्रेम सम्बन्ध था; विवाहपूर्व ऋषि पाराशर के साथ हुए संसर्ग से वेदव्यास का जन्म हुआ है। कहते हैं कि पाराशर इतने योग्य चिकित्सक थे कि उन्होंने वेदव्यास के जन्म के पश्चात् शल्य चिकित्सा द्वारा सत्यवती का कौमार्य पुनः स्थापित कर दिया था।"

मर्यादा के अनुसार महर्षि वेदव्यास, राजमाता सत्यवती और उनके पूर्व प्रेमी पाराशर के पुत्र थे, लेकिन मेरे लिए अब भी इस पर विश्वास करना कठिन था। मैंने उससे पूछा–" मैं कैसे तुम्हारी बात कैसे सत्य मान लूँ?

"आपको मेरी बात सत्य मानना ही पड़ेगी, क्योंकि यही सत्य है दूसरे, आपके न मानने से सत्य बदल नहीं सकता यानी आप न भी मानें तो भी इस तथ्य में कोई अन्तर नहीं आ सकता। ये सारी बातें राजमाता सत्यवती और महर्षि वेदव्यास के बीच हुई हैं, जिसकी साक्षी मेरी मौसी रही है, मेरे पास तो उन पर अविश्वास करने का कोई कारण नहीं है; इसके बाद भी आपको कोई सन्देह है तो इसकी पुष्टि स्वयं महामुनि व्यास से की जा सकती है; वे सिद्ध पुरुष हैं मुझे नहीं लगता कि वे इस तथ्य को छुपाने के लिए किसी तरह का मिथ्या भाषण करेंग।"

तभी मुझे राजमाता की वह बात स्मरण हो आयी जो उन्होंने मुझे अपने कक्ष में बुलाकर नियोग से पूर्व कही थी। नियोग के लिए नियुक्त पुरुष के बारे में पूछने पर उन्होंने कहा कि तुम्हारे लिए तो तुम्हारे ज्येष्ठ ही हैं। उस वक़्त मैंने समझा था कि उनका संकेत भीष्म की ओर है, लेकिन अब मर्यादा की बात सत्य लग रही थी।

राजपरिवार और राजमाता का ये गोपन तथ्य मेरी दासी को विदित था, लेकिन मैं इतने महत्त्वपूर्ण तथ्य से मैं अब तक अनभिज्ञ थी। मैंने अपने आप से प्रश्न किया कि क्या इसका अर्थ ये नहीं है कि दासी मुझसे अधिक चतुर है। मुझे लगा कि मर्यादा की बात को गम्भीरता से न लेकर मैंने भूल की है, उसके पास जो भी योजना है उसे कम नहीं आँकना चाहिए। मैंने उससे पूछा–" आख़िर ऐसी क्या योजना है मर्यादा तुम्हारे पास, जिससे साँप भी मर जाये और लाठी भी न टूटे?"

मर्यादा तनिक मुस्कुराई और कहा–" आप यही चाहती है न कि आपको पुनः नियोग की प्रक्रिया से न गुजरना पड़े?"

"हाँ"

"तो फिर आपके स्थान पर द्वैपायन के पास मैं जाऊँगी।"

"ये किस प्रकार सम्भव है? वे कोई मदिरापान में डूबे राजसी पुरुष नहीं, बल्कि एक सिद्ध ऋषि हैं, तुम्हें देखते ही उन्हें ज्ञात हो जायेगा कि तुम अम्बिका नहीं हो।"

"इसमें कोई सन्देह नहीं महारानी; हमारा उद्देश्य भी उनके साथ छल करना नहीं होगा।"

"तो फिर?"

"कक्ष के अन्दर मैं स्वयं उन्हें अपना परिचय देकर सत्य से अवगत् करा दूँगी।"

"इस प्रकार तो न केवल मुझे बल्कि तुम्हें भी उनका और राजमाता सत्यवती का कोपभाजन बनना पड़ेगा"

"नहीं महारानी। मैं नहीं समझती कि ऐसा कुछ होगा; मैं उनसे धर्मतः सन्तानोत्पति का आग्रह करुँगी, मेरी धर्मसम्मत याचना उन्हें स्वीकार करना ही होगी।

मैं मर्यादा की बातें सुनकर सन्न रह गयी। मैंने उससे कहा–"मर्यादा इसमें कोई सन्देह नहीं है कि तुम एक बेहद बुद्धिमान और चतुर युवती हो, लेकिन तुम्हारी बनायी योजना में मुझे कुछ सन्देह है; मेरा पहला प्रश्न है कि मुझे नियोग के त्रास के बचाने के लिए तुम भला अपना शील–भंग कर कुमारिका अवस्था में मातृत्व क्यों धारण करना चाहती हो और दूसरा..."

मुझे बीच में ही टोककर मर्यादा ने कहा–"आपके प्रश्न स्वाभाविक और उचित हैं; ये सब करने के पीछे मेरा अपना भी स्वार्थ है; महारानी मैं एक साधारण दासी हूँ, दुर्भाग्य से मेरे माता–पिता का स्वर्गवास मेरे बाल्यकाल में ही हो गया था, तभी से मैं अपने कुछ सम्बन्धियों पर आश्रित रहकर पली हूँ; दासी के रूप में राजपरिवार की सेवा करना ही मेरी आजीविका है। मैं इसी राजभवन के दासकक्ष में ही निवास करती हूँ; मेरे परिवार में ऐसा कोई भी नहीं है जो मेरे विवाह के विषय में चिन्ता करता हो; दर्पण में देखूँ तो मुझे लगता है कि मेरा रूप–सौन्दर्य भी ऐसा नहीं है कि कोई पुरुष मुझ पर मोहित होकर मेरे समक्ष विवाह प्रस्ताव रखेगा... हाँ, लम्पट प्रकृति के कई पुरुषों की वासनाभरी दृष्टि का सामना मुझे कई बार करना पड़ता है; राजभवन की सुरक्षा–व्यवस्था न रहे तो कोई भी मेरी इस अवस्था का लाभ लेने का प्रयास भी कर सकता है।"

"परन्तु इन सब बातों का वेदव्यास और नियोग से क्या सम्बन्ध है? उनसे सन्तानोत्पति से तुम्हें क्या लाभ हो सकेगा?"

"महारानी आप तो जानती हैं कि वेदव्यास की ख्याति पूरे आर्यावर्त में एक बेहद ज्ञानी व तपस्वी मुनि की है।"

"हाँ, इसमें क्या सन्देह है।"

"बड़े–बड़े चक्रवर्ती सम्राट भी उनके आगे नतमस्तक होते हैं।"

''निस्सन्देह''

"यदि मुझ जैसी साधारण–सी दासी इस महान तपस्वी के औरस पुत्र को जन्म देगी तो क्या मेरा महत्त्व एक दासी से बढ़कर कहीं अधिक नहीं हो जायेगा; महामुनि के संसर्ग से जो सन्तान प्राप्त होगी वह भी पूरे आर्यावर्त में पर्याप्त सम्मान का पात्र होगा; इतना सम्मान तो मुझे विवाह कर भी प्राप्त होना कठिन है; रही बात राजमाता के कोप की, तो मुझे लगता है कि जो स्त्री उनके पुत्र की सन्तान को जन्म देने जा रही हो,

उस पर वे कोप कितना भी कर लें, लेकिन दण्ड की अधिक सम्भावना नहीं है।" –मर्यादा ने कहा।

"चलो, अगर ये मान भी लिया जाये कि ऐसा ही होगा, लेकिन वेदव्यास तुमसे नियोग क्यों स्वीकार करेंगे; तुमने स्वयं कहा कि वे केवल धर्मतः नियोग–याचना ही स्वीकार कर सकते हैं; एक युवती जिसका अब तक विवाह भी नहीं हुआ है; उसका कौमार्य भंग कर उसे गर्भधारण करवाना धर्मसंगत कैसे कहा जा सकता है?"

"इसीलिए महारानी मैंने निर्णय किया है कि मैं कभी भी विवाह नहीं करूँगी... एक स्त्री जो आजीवन अविवाहित रहने के लिए दृढ़प्रतिज्ञ है उसे सन्तान का दान भला महामुनि क्यों नहीं देंगे।"

मर्यादा ये सब बहुत आत्मविश्वास के साथ कह रही थी। उसका स्वयं पर विश्वास देखकर मैं मुग्ध हो गयी, मैंने कहा–" कदाचित् ऐसा ही हो मैं ईश्वर से इसके लिए प्रार्थना कर करूँगी, परन्तु इसके पश्चात् भी यदि राजमाता पुनः मुझे नियोग के लिए बाध्य करें तो हमारे ये सारे प्रयास निरर्थक सिद्ध हो जायेंगे।"

"ऐसा कदापि न होगा महारानी, क्योंकि शास्त्रों ने तीन बार से अधिक नियोग, निषेध किया है और ये बात स्वयं वेदव्यास ने राजमाता से कही थी, ऐसे में वे स्वयं इसका उल्लंघन कैसे कर सकते हैं।"

मुझे लगा मर्यादा ठीक ही कह रही है, वैसे भी मेरे पास खोने के लिए कुछ नहीं है; यदि मर्यादा की योजना को अस्वीकार भी करूँ तो कोई दूसरा विकल्प नहीं है अनिच्छा से नियोग का परिणाम मैं दृष्टिहीन धृतराष्ट्र और रोगी पाण्डु के रूप में देख चुकी थी सो मैंने निर्णय कर लिया कि इस बार युक्ति का प्रयोग कर मर्यादा को द्वैपायन के पास भेजना उचित रहेगा।

अब प्रतीक्षा थी राजमाता के बुलावे की और वह भी जल्द ही आ गया। अपेक्षानुरूप ही राजमाता ने हस्तिनापुर के गौरव व स्वस्थ उत्तराधिकारी के नाम पर एक बार और वेदव्यास से नियोग का आग्रह किया। ये आग्रह एक प्रकार का आदेश ही था... राजमाता से काफ़ी वाद–विवाद और विरोध के बाद मेरे लिए 'न' कहने की कोई सम्भावना ही नहीं थी।

इस स्थिति के दृष्टिगत् मैं और मर्यादा पहले ही तैयार थे। इस बार नियोग के लिए तय स्थान मेरा कक्ष नहीं, बल्कि ज्योतिष व वास्तु के अनुसार तैयार किया एक अन्य कक्ष था। नियत रात्रि को मेरे स्थान पर मर्यादा, महर्षि व्यास के कक्ष में गयी। सबकुछ लगभग वैसा ही हुआ जैसी मर्यादा ने अपेक्षा की थी। मर्यादा की वास्तविकता विदित होने के बाद भी वेदव्यास ने उसे अपना रक्तबीज देना स्वीकार किया। मर्यादा और महामुनि के मध्य हुई चर्चा से मुझे ये पता चला कि मेरे और अम्बालिका से नियोग के दौरान महर्षि को हमारी अनिच्छा के बारे में ज्ञात ही नहीं था... हालाँकि अब इसका कोई अर्थ नहीं था।

महामुनि ने बड़ी ही सहजता से ये भी स्वीकार किया कि वे राजमाता सत्यवती के पुत्र हैं, साथ ही मर्यादा को ये आश्वासन भी दिया कि अब किसी को भी बिना उसकी इच्छा के, नियोग के लिए बाध्य नहीं किया जा सकेगा। वेदव्यास से नियोग के पश्चात् मैं और अम्बिका अवसाद से ग्रसित हो गये थे, लेकिन मर्यादा नियोग के बाद से बहुत प्रसन्न थी। महामुनि ने मर्यादा को ये आश्वासन भी दिया था कि वे राजमाता से चर्चा कर मर्यादा को दासकर्म से भी मुक्ति दिलाने का प्रयास करेंगे राजमाता सत्यवती अपनी महाज्ञानी पुत्र की बात कैसे टाल सकती थीं मर्यादा को दासत्व से मुक्ति मिल गयी और कुछ ही मास बाद मर्यादा ने एक पुत्र को जन्म दिया। मर्यादा का शिशु पूरी तरह से स्वस्थ व सामान्य था।

वेदव्यास के हस्तक्षेप से न केवल मर्यादा को दासत्व, बल्कि राजमाता के कोप से भी मुक्ति मिल गयी। वेदव्यास ने राजमाता को धर्मसम्मत नियोग के बारे में भी विस्तार से बताया और परामर्श दिया कि अब किसी भी प्रकार का नियोग धर्मसम्मत नहीं होगा। महामुनि के परामर्श का महत्त्व किसी आदेश से कम नहीं था, अतः भविष्य में नियोग की सभी सम्भावनाएँ समाप्त हो गयीं... ये बात मेरे मन को काफ़ी शान्ति देने वाली थी।

मर्यादा के पुत्र का नाम विदुर रखा गया था। तीनों ही बालक राजभवन में एक साथ बड़े हो रहे थे। धृतराष्ट्र को अपनी दृष्टिहीनता और पाण्डु को अपने दुर्बल स्वास्थ्य के कारण अधिक देखभाल की आवश्यकता थी। मैं, अम्बालिका और मर्यादा पूरी तरह से बच्चों के लालन–पालन में डूब गये थे। एक साथ पल रहे ये तीनों बच्चे स्वभाव से बिल्कुल ही अलग–अलग थे...

धृतराष्ट्र की महत्त्वाकांक्षा का उदय

एक दिन धृतराष्ट्र, पाण्डु और विदुर तीनों खेल रहे थे। पाण्डु और विदुर का मन चतुरंग और चौसर जैसे खेलों में लगता था, लेकिन धृतराष्ट्र आँखमिचौनी खेलने की हठ कर रहा था। तभी भीष्म और राजमाता भी आ गये। भीष्म ने धृतराष्ट्र को अपने अंक में भर लिया और पूछा–"क्या बात है वत्स। आख़िर क्यों इतने कुपित हो?"

धृतराष्ट्र बोला–"देखिए न तातश्री, ये पाण्डु और विदुर दिनभर बस चौसर और चतुरंग ही खेलते रहते हैं, मैं इनसे कह रहा हूँ कि आँख–मिचौनी खेलते हैं और ये मान ही नहीं रहे हैं।"

धृतराष्ट्र की बात सुनकर भीष्म हँस पड़े और पाण्डु और विदुर की ओर देखकर बनावटी गुस्से में कहा–"..क्यों भाई तुम दोनों अपने ज्येष्ठ भ्राता की बात मानकर आँख–मिचौनी क्यों नहीं खेलते?"

पाण्डु ने कहा–"तातश्री, धृतराष्ट्र भैया को आँखमिचौनी में हराना असम्भव है; हमारे आँखों पर जब पट्टी बँधी होती है तो चलना भी मुश्किल हो जाता है और धृतराष्ट्र भैया पट्टी बाँधकर भी ऐसे चलते हैं मानों सब कुछ देख सकते हों, अब ऐसा खेल कोई कब तक खेल सकता है जिसमें उसकी हार निश्चित हो।"

असन्तुष्ट धृतराष्ट्र हाथ नचाते हुए बोला–"वाह! जिस खेल में तुम दुर्बल हो, उसे छोड़कर भाग रहे हो और मुझसे आशा करते हो कि जिस खेल की चालें मुझे दिखाई भी नहीं देतीं वह मैं तुम्हारे साथ खेलूँ, चतुरंग और चौसर में तो मैं गोटियाँ जमाने के लिए भी तुम दोनों पर निर्भर रहता हूँ तातश्री, आँखमिचौनी में जब इनकी आँखों पर पट्टी बँध जाये तो ये

दो क़दम भी नहीं चल पाते और कक्ष में रखी किसी–न–किसी वस्तु से टकरा जाते हैं, लेकिन मुझे तो पट्टी बांधने से भी कोई अन्तर नहीं पड़ता।"

भीष्म ने धृतराष्ट्र से पूछा–"क्या तुम्हें चतुरंग पसन्द नहीं है?"

"तातश्री, चतुरंग खेल की चालें न तो मुझे दिखाई देती हैं और न ही समझ आती हैं कैसा अजीब खेल है, राजा जो सर्वाधिक शक्तिशाली होना चाहिए, वह केवल एक ही घर चल सकता है, उससे बेह्तर तो हाथी, ऊँट व घोड़ा है, जो सीधा, तिरछा व ढाई घर तो चलते हैं आख़िर राजा इेतना दुर्बल क्यों है? मैं तो कभी राजा बनना नहीं चाहूँगा?"

धृतराष्ट्र की बात सुनकर भीष्म हँस पड़े। उन्होंने तीनों बच्चों को अपनी बाँहों में भर लिया और कहा–"पुत्र धृतराष्ट्र, राजा दुर्बल नहीं है, बल्कि वह बहुमूल्य है, इसीलिए राजा अपने मातहतों की तरह चालें चलने में आगे नहीं रहता; वह रणनीति बनाता है... हाथी, ऊँट, घोड़ा और मन्त्री अपनी शक्ति का प्रयोग राजा की रक्षा के लिए ही तो करते हैं, इसीलिए उन्हें शक्ति दी गयी है; इसी प्रकार अगर तुम राजा बने तो तुम्हारे अनुज ही तुम्हारी शक्ति बनेंगे। "भीष्म की बात सुनकर धृतराष्ट्र प्रसन्न हो गया और बोला–"तब तो मैं अवश्य बनूँगा राजा; तुमको मैं अपना सेनापति बनाऊँगा पाण्डु और तुम हस्तिनापुर के मन्त्री होगे विदुर।" धृतराष्ट्र की बात सुनकर सभी लोग हँसने लगे।

तीनों बच्चों को एक साथ खेलते देखना सभी को बहुत अच्छा लगता था। धृतराष्ट्र का स्वर अपने दोनों अनुजों के लिए आदेशात्मक ही होता था... कदाचित् उसका बालमन स्वयं को राजा मानकी पाण्डु व विदुर को दरबारी मानने लगा था... धृतराष्ट्र की महत्त्वाकांक्षा बढ़ रही थी...

एक दिन मैंने उससे कहा–"पुत्र धृतराष्ट्र, तुम हमेशा अपने भाइयों को आदेश क्यों देते रहते हो?"

वह बोला–" उन्हें आदेश न दूँ तो किसे दूँ, वे मेरे छोटे भाई हैं और मेरे होने वाले सेनापति और महामंत्री भी"

मैंने कहा–"वे भी तुम्हें इसी प्रकार आदेश देने लगें या तुम्हारा आदेश मानने से इंकार कर दें तो? अभी तो तुम सम्राट नहीं हो ना?"

"माता, अभी मैं सम्राट भले ही नहीं हूँ, परन्तु वे मेरे अनुज हैं और मेरी आज्ञा का पालन ही उनका धर्म है; रामायण में भी लक्ष्मण और भरत,

राम की आज्ञा मानते हैं; राम को लक्ष्मण और भरत की आज्ञा नहीं माननी पड़ती।"

"जो रिश्ते में ज्येष्ठ होते हैं, उनके पास केवल अधिकार ही नहीं, बल्कि कर्त्तव्य भी उन्हीं के हिस्से आते हैं, छोटों की ज़िम्मेदारी भी उठानी पड़ती है।"

"हाँ तो मैं कब इससे इंकार कर रहा हूँ।"

"तो कभी तुम्हारे हिस्से में आया कोई मिष्टान्न उन्हें दिया करो या उनके हिस्से का कोई श्रम तुम कर लिया करो।" मैंने धृतराष्ट्र को सुझाव दिया।

"अपनी दृष्टिहीनता के कारण मैं स्वयं अपने ही कई कार्य नहीं कर पाता, ऐसे में उनके हिस्से का श्रम भला में कैसे करूँगा?"

"अगर राजा बनने में तुम्हारी दृष्टिहीनता आड़े नहीं आती, तो श्रम या किसी अन्य कार्य में वह बाधा कैसे बन सकती है... और अभी से मान लेना कि तुम ही राजा बनोगे, उचित नहीं है पुत्र, उसके लिए अभी तुम्हें बड़ी योग्यता और क्षमता विकसित करना है।"

"तो और कौन बनेगा माता; पाण्डु तो अक्सर ज्वर से ही पीड़ित रहता है, साधारण–सी गदा उठाना भी उसके वश की बात नहीं है, वह कैसे राजा बन सकता है?"

"तो तुम स्वयं की योग्यता नहीं, बल्कि दूसरों की अयोग्यता के दम पर राजा बनने के सपने देख रहे हो?"

धृतराष्ट्र के पास मेरे प्रश्न का कोई उत्तर न था। मैंने उसे समझाते हुए कहा–"पुत्र, इस समय तुम्हारा कर्त्तव्य है कि तुम योग्यताओं और क्षमताओं का अर्जन करो। मैं जानती हूँ तुम दृष्टिहीन हो और तुम्हारी समस्याएँ दूसरों से अधिक व जटिल हैं, लेकिन अपने कठोर श्रम से उन सभी बाधाओं को दूर करो, तुम राजा बनोगे या नहीं ये निर्णय भविष्य पर छोड़ दो।"

"मैं आपकी आज्ञा का पालन करने का पूर्ण प्रयत्न करुँगा।" ये कहकर धृतराष्ट्र कक्ष से बाहर चला गया।

एक दिन भीष्म तीनों बालकों का हाथ थामें बड़ी प्रसन्नता के साथ आये और बोले–"अम्बिका! तुम्हारा ये बालक, जिसे हम दृष्टिहीन समझते हैं, उसे तो दृष्टिहीन के बजाय ज्ञानचक्षु कहना उचित होगा।"

मुझे लगा कि भीष्म कहीं मेरे पुत्र का उपहास तो नहीं कर रहे हैं; लेकिन भीष्म का स्वभाव ऐसा नहीं था और वे इन बच्चों को बहुत स्नेह भी करते थे, वे ऐसा कैसे कर सकते हैं। मैं उनसे कुछ पूछती इससे पहले ही राजमाता ने उत्साह से पूछा–"भीष्म, ऐसा क्या कर दिया धृतराष्ट्र ने जो तुम इतने प्रसन्न हो?"

भीष्म ने मुस्कराते हुए राजमाता से कहा–"माता, मैं कोई उत्तर दूँ इसके बजाय आप स्वयं ही देख लीजिए; पुत्र धृतराष्ट्र! तनिक मेरे उत्तरीय को स्पर्श कर उसका रंग बताओ।"

धृतराष्ट्र के चेहरे पर एक चंचल मुस्कराहट थी, वह बोला–"अरे तातश्री आप भी कैसा प्रश्न करते हैं, सम्पूर्ण हस्तिनापुर जानता है कि आप केवल श्वेत धवल वस्त्र पहनते हैं, उनका रंग बताने के लिए स्पर्श की भी आवश्यकता नहीं है; मैं दादी माँ के वस्त्र छूकर उनका रंग बताता हूँ।" बालक धृतराष्ट्र, माता सत्यवती की ओर दौड़ा राजमाता ने स्नेह से उसे अपने अंक में भर लिया। राजमाता के वस्त्र छूते ही धृतराष्ट्र बोला–"तातश्री, दादी माँ का वस्त्र हलके गुलाबी रंग का है।"

राजमाता ने उसका माथा चूमकर कहा–"अरे वाह! तुम तो स्पर्श मात्र से वस्त्र का रंग बता देते हो, ये विद्या कहाँ से सीखी?"

मैंने धृतराष्ट्र की चेष्टा करते हुए कहा–"कहीं ऐसा तो नहीं है पुत्र कि तुम्हारे तातश्री ने पहले ही तुम्हें राजमाता के वस्त्रों का रंग बता दिया हो?"

धृतराष्ट्र जरा तुनककर बोला–"माता, तुम तो हमेशा मुझ पर सन्देह ही किया करती हो" ऐसा कहकर वह राजमाता के निकट ही खड़ी मर्यादा के पास गया और उसके वस्त्र को छूकर बोला–" मर्यादा मौसी नीले रंग के वस्त्र पहनी है, अब ये बात तो मुझे तातश्री ने नहीं बतायी होगी न, अब भी विश्वास न हो तो मैं हाथों से छूकर महल के सारे परदों व चादरों का रंग भी बता सकता हूँ।"

धृतराष्ट्र की बातें सुनकर भीष्म एक बार फिर जोर से हँस पड़े और कहा–"कुमार धृतराष्ट्र, तुम्हारी माँ को तो अभी तुम्हारा एक और चमत्कार देखना है; इस बार तो तुम्हारी माता, मौसी और दादी माँ दाँतों चले अंगुली दबा लेंगी।" ये कहकर भीष्म ने धृतराष्ट्र के हाथ में कुछ धातु के सिक्के दिये। आश्चर्यजनक रूप से नेत्रहीन धृतराष्ट्र ने स्वर्ण, रजत, ताम्र व काँस्य के सिक्के अलग–अलग कर दिये।

मुझे आश्चर्य हो रहा था कि जिस बालक के लिए लाल, पीला, नीला, हरा, गुलाबी रंगों का कोई महत्त्व ही न हो, जिसने कभी इन रंगों को देखा ही न हो, वह बालक भला महज़ स्पर्श से इन्हें कैसे पहचान सकता है। जिस उम्र में पाण्डु और विदुर देखकर भी स्वर्ण व पीतल जैसी धातु का अन्तर नहीं समझ पाते थे, उस उम्र में धृतराष्ट्र महज छूकर बता देता था कि वह वस्तु स्वर्ण, रजत, लौह, ताम्बा, पीतल या किसी अन्य धातु की बनी है। दृष्टिबाधित होने के बावजूद उसे युद्धकला, धनुष, गदा व खड्ग जैसे शस्त्र बहुत आकर्षित करते थे और वह इन्हें चलाने का पूरा प्रयास भी किया करता था।

धृतराष्ट्र नेत्रहीन अवश्य था, लेकिन ईश्वर ने उसके नेत्रों के बदले उसे कुछ अन्य क्षमता सामान्य से अधिक दे रखी थीं। नेत्रहीनता के बावजूद वह जीवन का हर रस लेना चाहता था वह कहता था कि आँखों से देख नहीं सकता तो क्या, सूँघ और स्पर्श तो कर ही सकता हूँ। भोजन में उसे सुस्वादु सामिष, निरामिष, मधुर हर प्रकार के व्यंजन चाहिए होते थे। उसकी श्रवण शक्ति, सूँघने की शक्ति और शारीरिक बल अद्भुत था। राजभवन की रसोई में कौन–सा व्यंजन बन रहा है, इसकी जानकारी धृतराष्ट्र को कक्ष में बैठे–बैठे उसकी सुगंध से हो जाती थी। सुन्दर व रेशमी वस्त्रों की उसे अच्छी पहचान थी और वह उच्च गुणवत्ता के वस्त्र ही धारण करता था। उसके वस्त्र व कक्ष हमेशा उत्तम कोटि की सुगन्ध से सराबोर रहते थे। किसी की पदचाप सुनकर उसे पहचान लेना धृतराष्ट्र के लिए सरल था।

धृतराष्ट्र मेरा पुत्र था, लेकिन मैं स्वयं ये देख पा रही थी कि समय के साथ उसकी महत्त्वाकांक्षाएँ बढ़ती जा रही थीं... यद्यपि महत्त्वाकांक्षा का होना कोई दुर्गुण नहीं है, लेकिन फिर भी धृतराष्ट्र का व्यवहार मुझे चिंतित कर देता था। धृतराष्ट्र के स्वभाव में मुझे राजमाता सत्यवती की झलक दिखाई देने लगी थी। राजकर्मचारियों के साथ धृतराष्ट्र का व्यवहार ठीक वैसा ही होता था, जैसा उसकी दादी यानी सत्यवती किया करती थीं। राजकर्मियों को डाँटना–फटकारना, आदेश देना उसके स्वभाव में आता जा रहा था। उसकी नेत्रहीनता के कारण वह हमेशा सेवकों के साथ ही रहता था। उसकी आवश्यकता की वस्तु उसे तत्काल न मिले

तो उसका पारा आसमान पर पहुँच जाता था। सेवकों को अक्सर धृतराष्ट्र का कोप–भाजन बनना पड़ता था। धृतराष्ट्र की राजसी ठसक कुछ ऐसी हो चली थी कि उसे ये भी स्मरण न रहता कि जिस सेवक या कर्मचारी को वह अपमानित कर रहा है, वह आयु में काफ़ी ज्येष्ठ है।

धृतराष्ट्र का इस प्रकार का व्यवहार मुझे स्वीकार नहीं था। कई बार मैं उसे समझाने की कोशिश करती थी कि सेवकों और दासियों से व्यवहार में भी विनम्र होना चाहिए; हर मनुष्य को चाहे किसी का निजी सेवक क्यों न हो, सम्मान पाने का अधिकार होता है। लेकिन मेरी बातों वह अधिक महत्त्व नहीं देता था। धृतराष्ट्र के इस व्यवहार पर उसकी पितामही यानी राजमाता सत्यवती के समर्थन की मुहर लगी हुई थी। कई बार तो वह वय में स्वयं से कहीं ज्येष्ठ राजकर्मचारियों को भी अपमानित कर देता था। राजमाता सत्यवती को इसमें कुछ भी अनुचित नहीं लगता था, बल्कि उनका मानना था कि राजपरिवार के लोगों को सेवकों से कुछ कठोर व्यवहार ही करना चाहिए, ऐसा करने से सेवक मर्यादा में रहते हैं।

धृतराष्ट्र, पाण्डु व विदुर की शिक्षा

तीनों बालकों की आयु अब गुरुकुल जाने की हो गयी थी। एक दिन भीष्म ने तीनों कुमारों की शिक्षा–दीक्षा का विषय राजमाता के समक्ष रखते हुए प्रश्न किया–"माता! दोनों राजकुमारों और विदुर की शिक्षा के सम्बन्ध में क्या विचार किया है? उनकी आयु अब गुरुकुल जाने की हो गयी है।"

"उचित कह रहे भीष्म तुम, लेकिन राजकुमारों की स्थिति तो तुम जानते ही हो; पाण्डु अब भी चिकित्सकों की देखरेख में है और धृतराष्ट्र दृष्टिहीन है, क्या तुम्हें लगता है कि दोनों कुमार गुरुकुल या आश्रम के कठोर अनुशासन का पालन कर सकते हैं?"

भीष्म ने गहरी साँस छोड़ते हुए कहा–"आप ठीक कह रही हैं राजमाता; आश्रम का कठिन जीवन दोनों कुमारों के लिए उपयुक्त नहीं है और कोई कुशल व योग्य गुरु राजभवन में इन्हें शिक्षा देने के लिए पधारें ये भी कठिन है।"

"भीष्म, तुम स्वयं ही इन्हें शिक्षा क्यों नहीं देते?"

"राजमाता, मैं कोई शिक्षक या आचार्य नहीं हूँ"

"तो क्या हुआ तुम स्वयं युद्धविशारद हो, भगवान परशुराम के शिष्य हो सम्पूर्ण आर्यावर्त के योद्धा तुम्हारे नाम से थर–थर कॉपते हैं; तुमसे श्रेष्ठ शिक्षक इन्हें कहाँ मिलेगा।"

"माता, शिक्षा का अर्थ केवल युद्धकला या शास्त्रों का ज्ञान नहीं होता; गुरु अपने शिष्यों को जीवन का तरीक़ा भी सिखाता है... अनुशासन, संयम, सहनशीलता, धैर्य ये सब ऐसे गुण हैं जो गुरु के सम्पूर्ण सान्निध्य में रहकर ही प्राप्त होते हैं और मैं तो राजकार्य के सम्बन्ध में वैसे भी लम्बे समय तक राज्य के बाहर ही रहता हूँ ऐसे में नियमित अध्यापन कैसे किया

जा सकता है "काफ़ी विचार–विमर्श के बाद निश्चित हुआ कि अध्यापन के लिए राजभवन में ही स्थानीय आचार्य को नियुक्त किया जायेगा, साथ ही भीष्म भी समय–समय पर शिक्षा देंगे।

तीनों कुमारों की शिक्षा आरम्भ हो गयी। विदुर ने युद्धकला व शस्त्रज्ञान को छोड़कर शास्त्रों को चुना। विदुर गम्भीर प्रकृति का बालक था और बचपन से ही दार्शनिकों की तरह बातें करता था। उसे वेद, उपनिषदों और पुराणों के अध्ययन में बेहद रुचि थी। पाण्डु ने धनुष में रुचि दिखाई। धृतराष्ट्र सभी शस्त्रों को चलाना सीखना चाहता था; उसका विश्वास था कि दृष्टिहीनता के बावजूद धनुर्विद्या में वह केवल ध्वनि सुनकर अचूक लक्ष्य भेदन कर सकता है। अपनी श्रवण शक्ति के आधार पर ही वह गदा व खड्ग संचालन में भी दक्षता प्राप्त करना चाहता था, परन्तु शीघ्र ही उसे ज्ञात हो गया कि ऐसा सम्भव नहीं है।

अपने शरीर की अदम्य ऊर्जा व ताप को नियन्त्रित करने के लिए, अंधत्व को परे रख धृतराष्ट्र घण्टों व्यायामशाला में व्यतीत किया करता था। जैसे–जैसे वह युवा होता जा रहा था, उसका शरीर–सौष्ठव व बल भी बढ़ता जा रहा था। आख़िरकार उसकी रुचि और शक्ति को ठौर–ठिकाना मिला कुश्ती के अखाड़े में। पूर्व में मिली तमाम असफलताओं का आक्रोश, धृतराष्ट्र अखाड़े में निकालने लगा। मल्ल–विद्या के दाँव–पेच उसे बहुत भाने लगे थे। भीष्म का कहना था कि उसकी दृष्टिहीनता मल्लयुद्ध के दौरान आड़े नहीं आती थी। प्रतिद्वन्दी पहलवान को स्पर्श करते ही धृतराष्ट्र उसकी शक्ति व कमज़ोरी का अनुमान लगा लेता था। धृतराष्ट्र की भुजाओं में फँसने के बाद बड़े से बड़े मल्ल के लिए बचना मुश्किल था। भीष्म ने तो यहाँ तक कह दिया कि वे स्वयं भी अपने आप को धृतराष्ट्र के बाहुकण्टक दाँव से नहीं बचा सकते। उसके हाथों में पाषाण को भी चूर्ण बना देने की शक्ति थी।

तीनों कुमार अब युवा हो चले थे। पाण्डु के स्वास्थ्य में अपेक्षाकृत कुछ सुधार तो अवश्य हुआ था, लेकिन उसे रह–रहकर ज्वर व श्वसन सम्बन्धी व्याधियाँ घेर लेती थीं। विदुर एक प्रकाण्ड विद्वान के रूप में अपनी पहचान बना रहा था विदुर ने आर्यावर्त में प्रयोग की जाने वाली प्रत्येक भाषा में महारत प्राप्त कर ली। वेद, पुराण और शास्त्रों का अध्ययन

कर उसने एक नीतिशास्त्र विकसित किया, जिसे विदुरनीति के रूप में ख्याति मिली। इतनी कम अवस्था में नीतिशास्त्र पर आधारित इस अद्भुत ग्रन्थ को रचने के कारण विदुर को सम्पूर्ण आयावृत में नीतिशास्त्र के सबसे बड़े ज्ञाता के रूप में पहचाना जाने लगा दूर देशों के राजा व महामंत्री, जटिल विषयों पर विदुर की राय व मार्गदर्शन लेने के लिए आने लगे थे।

हस्तिनापुर का राजकार्य व व्यवस्थाएँ अब तक भीष्म ही सँभाल रहे थे। वे विदुर को एक अत्यनन्त कुशल, योग्य, चतुर व ज्ञानी महामन्त्री के रूप में देखते थे। भीष्म ने राजमाता से चर्चा कर विदुर की महामन्त्री पद पर नियुक्ति निश्चित कर दिया था। हालाँकि विदुर की महामन्त्री के रूप में आधिकारिक नियुक्ति की जानी शेष थी, लेकिन अनौपचारिक रूप से राज्य के काम–काज के संचालन में विदुर, भीष्म की सहायता करने लगा था। हस्तिनापुर के सम्राट का निर्णय अब तक नहीं हो सका था, लेकिन धृतराष्ट्र की सक्रियता व पाण्डु के ख़राब के स्वास्थ्य के कारण ये अनुमान लगाया जाने लगा था कि धृतराष्ट्र ही हस्तिनापुर के राजसिंहासन पर आरूढ़ होगा। लम्बे अन्तराल के बाद ऐसा लगने लगा था कि अब हस्तिनापुर में सबकुछ ठीक होने जा रहा है। राजमाता की कटुता भी अब पहले से काफ़ी कम हो गयी थी।

राजमाता सत्यवती ने तीनों कुमारों की शिक्षा–दीक्षा पर सन्तोष जताते हुए कहा–"जिस उद्देश्य से इन कुमारों का जन्म हुआ है, उसे पूरा करने का समय आ चुका है। लम्बे समय से हस्तिनापुर का राजसिंहासन रिक्त रहा है, मेरा पुत्र चित्रांगद तो इस पर आरूढ़ ही नहीं हो सका और सम्राट विचित्रवीर्य का कार्यकाल भी अल्प ही रहा; ऐसे में मेरी इच्छा है कि हस्तिनापुर के राजसिंहासन को जो सुशोभित करने जा रहा है उसका विवाह सम्राट बनने से पूर्व ही सम्पन्न किया जाना चाहिए, ताकि सिंहासन पर सम्राट के साथ साम्राज्ञी भी विराजे और हस्तिनापुर–राजसिंहासन की रिक्तता हमेशा के लिए समाप्त हो सके।"

भीष्म ने कहा–"राजमाता, क्या आपकी दृष्टि में ऐसी कोई योग्य कन्या है जो हस्तिनापुर की साम्राज्ञी बन सके?"

"भीष्म, सुदूर उत्तर पश्चिम में गान्धार राज्य के बारे में मैंने सुना है; कहते हैं वहाँ के राजा सुबल की कन्या न केवल अद्वितीय सुन्दरी है, बल्कि गुणों की भी खान है चर्चा तो ये भी है कि शिवभक्तिनी गान्धारी को शत पुत्र–प्राप्ति का ऋषि आशीर्वाद मिला है, ऐसी कन्या को हस्तिनापुर की साम्राज्ञी अवश्य ही बनना चाहिए।"

राजमाता की बात सुनकर भीष्म कुछ सोच में पड़ गये, फिर तनिक संकोच के साथ उन्होंने प्रश्न किया "ये विवाह–प्रस्ताव आप कुमार धृतराष्ट्र के लिए चाहती हैं या फिर कुमार पाण्डु के लिए?"

राजमाता ने कहा–"धृतराष्ट्र ज्येष्ठ है तो निस्सन्देह उसका विवाह पहले होगा"

भीष्म एक बार पुनः सोच में डूब गये और उन्होंने सकुचाते हुए पूछा–"किन्तु राजमाता, क्या ये प्रस्ताव गान्धार नरेश को स्वीकार होगा; मेरा तात्पर्य धृतराष्ट्र... "कहते–कहते भीष्म रुक गये।

"निःसंकोच कहो भीष्म, क्या तुम ये कहना चाहते हो कि दृष्टिहीन धृतराष्ट्र के विवाह प्रस्ताव को गान्धार नरेश स्वीकार नहीं करेंगे?"

" नहीं राजमाता, मैं ये नहीं कहता कि वे हमारा प्रस्ताव स्वीकार नहीं करेंगे, लेकिन धृतराष्ट्र की दृष्टिहीनता के कारण इस सम्भावना से पूरी तरह से इंकार भी तो नहीं किया जा सकता।"

"भीष्म, क्या गान्धार जैसे छोटे राज्यों में इतना साहस है कि वे हस्तिनापुर जैसे विशाल व गौरवशाली राष्ट्र से आये विवाह प्रस्ताव को अस्वीकार कर सकें? यदि ऐसा है, तो भीष्म ये तुम्हारी विफलता है तुम अपने पिता और पूर्वजों की कीर्ति को अक्षुण्ण नहीं रख सके भीष्म; तुम्हारे होते हुए यदि गान्धार जैसा मामूली राज्य हस्तिनापुर को इन्कार कर दे तो इस वायव्य धनुष पर तुम किस प्रकार गर्व कर सकते हो।"

मुझे लगा था कि वृद्धावस्था ने राजमाता सत्यवती को बदल दिया है, परन्तु मैं ग़लत थी... आज वे फिर दम्भ से भरी वैसी ही शैली में संवाद कर रही थीं जैसे वह पहले किया करती थीं। राजमाता के शब्दबाणों ने भीष्म के हृदय पर ठीक उसी स्थान पर आघात किया था, जहाँ वे चाहती थीं। सत्यवती के शब्दों ने भीष्म को बुरी तरह से आहत किया था... हस्तिनापुर के सम्मान और पूर्वजों की कीर्ति जैसे शब्दों के मायाजाल में उलझकर

भीष्म ने एक बार फिर वही निर्णय ले लिया, जो वर्षों पूर्व काशी स्वयंवर के समय लिया था; अन्तर केवल इतना था कि काशी में वे निर्वीर्य विचित्रवीर्य के लिए कन्या लेने गये थे और अब वे नेत्रहीन धृतराष्ट्र के लिए गान्धारी को लेने जा रहे थे। भले ही धृतराष्ट्र को मैंने अपनी कोख से जन्म दिया हो, लेकिन ये वास्तविकता थी कि वह जन्मान्ध था, ऐसे विवाह के लिए किसी भी प्रकार का दबाव मुझे काशी–स्वयंवर की याद दिला रहा था, काशी में तो पिता इन्द्रद्युम्न ने कम–से–कम विवाह–स्वयंवर का आयोजन तो किया था, लेकिन यहाँ तो भीष्म, स्वयंवर के आयोजन के बिना ही गान्धार की ओर प्रस्थान की योजना बना रहे थे गान्धारी को मैंने अब तक देखा भी नहीं था, लेकिन मुझे वह अपनी ही परछायी प्रतीत होने लगी थी।

गान्धारी

गान्धार से सन्देश प्राप्त हुआ था कि भीष्म कुछ ही दिनों में गान्धारी को लेकर हस्तिनापुर आ रहे हैं। हस्तिनापुर राजप्रासाद में उत्सव का वातावरण था। गान्धारी के स्वागत की तैयारियाँ चल रही थीं. राजमाता सत्यवती का आदेश था कि गान्धार की राजकुमारी का स्वागत –मारोह भव्य होना चाहिए; इतना भव्य जिसकी कल्पना भी गान्धार में न की जा सके। मेरे सामने एक बार फिर वह दृश्य घूम गया, जब मुझे, अम्बा और अम्बालिका के साथ हस्तिनापुर लाया गया था। उस समय भी ऐसा ही विशाल स्वागत समारोह आयोजित किया गया था। लेकिन न तो वह आयोजन नवआगंतुकों का प्रसन्न करने के लिए था और न ही ये समारोह गान्धारी के स्वागत के लिए किया जा रहा था; राजमाता का उद्देश्य तब भी हस्तिनापुर के वैभव का प्रदर्शन करना था और अभी भी वे यही करना चाहती हैं; अन्तर केवल इतना आया है कि आयु के साथ राजमाता के केशों में चाँदी आ गयी थी।

पूरे नगर में वन्दनद्वार लगाये गये थे। राज गायक मधुर स्वर में स्वागत गीत गा रहे थे। नगर के मार्गों को स्वच्छ कर उन्हें विशेष रूप से सुवासित किया गया था। गान्धारी को उपहार में देने के लिए एक से बढ़कर एक आभूषण और वस्त्र मँगाए गये थे। मैं सोच रही थी कि क्या वास्तव में कोई राजकुमारी, राज्य का वैभव व सम्पन्नता देखकर प्रभावित हो सकती है, भले ही वह किसी छोटे राज्य से सम्बन्ध रखती होत्र? लगभग इसी प्रकार का आयोजन हम तीनों बहनों के स्वागत के लिए भी रखा गया था, लेकिन हमारी मनस्थिति ऐसी थी कि हस्तिनापुर की सम्पन्नता और वैभव हमें प्रसन्न करने के बजाय आतंकित कर रहा था।

गान्धारी को तो और भी दूर देश से लाया जा रहा है। सुना है गान्धार तो हस्तिनापुर से सहस्रों योजन की दूरी पर है। भीष्म को ही वहाँ जाने और वहाँ से लौटने में कई मास का समय लग गया था। हमें जब हस्तिनापुर लाया गया था तो हम तीन बहनें साथ थी, लेकिन गान्धारी तो एकदम अकेली होगी। क्या सोचा होगा उसने जब उसके समक्ष नेत्रहीन धृतराष्ट्र का विवाह प्रस्ताव आया होगा। क्या उसके पिता ने सहर्ष ये प्रस्ताव स्वीकार कर लिया होगा? या फिर भीष्म की शक्ति के आगे उन्हें नतमस्तक होना पड़ा होगा?

अन्ततः वह दिन भी आ ही गया जब भीष्म, गान्धारी को लेकर हस्तिनापुर आये। राजमाता की मंशा के अनुरूप गान्धारी का हस्तिनापुर में भव्य स्वागत किया गया. आरती की थाली लेकर मैं और अम्बालिका भी गान्धारी को देखने के लिए उत्सुक थे; आख़िर वह मेरे धृतराष्ट्र की होने वाली पत्नी थी, मेरी होने वाली पुत्रवधु थी। मेरे मन में गान्धारी को देखने की उत्कण्ठा का एक और कारण था; मैं उसकी आँखों में झाँककर देखना चाहती थी कि क्या वह आर्यावर्त के सबसे शक्तिशाली राजवंश से जुड़कर प्रसन्न है या उसकी आँखों में भी वही पीड़ा है जो काशी से लाये जाने पर हमारी आँखों में थी।

लेकिन ये क्या। गान्धारी की आँखों पर तो पट्टी बन्धी हुई है। गान्धारी का ये रूप देखकर मैं सकपका गयी। नेत्रों पर पट्टी बाँधे हुए गान्धारी को रथ से उतरने के लिए एक युवक सहायता कर रहा था। जिस अधिकार से उसने गान्धारी का हाथ थाम रखा था, प्रतीत होता था कि वह गान्धारी का कोई निकट सम्बन्धी है। बाद में ज्ञात हुआ कि वह गान्धारी का भ्राता शकुनि है। गान्धारी को सबसे पहले राजमाता सत्यवती के समक्ष ले जाया गया। गान्धारी ने राजमाता के चरण स्पर्श किये। गान्धारी के नेत्रों पर बँधी पट्टी के सम्बन्ध में भीष्म ने कदाचित पहले ही पत्र लिखकर राजमाता को अवगत करवा दिया था। भीष्म जब गान्धारी को लेकर मेरे और अम्बालिका के निकट आये तो मेरी स्वाभाविक जिज्ञासा नेत्रों पर बँधी इस पट्टी के सम्बन्ध में ही थी। भीष्म ने बड़े गर्व से कहा–"गान्धार कुमारी ने स्वयं ये निर्णय लिया है कि जिस लौकिक जगत् को उनका होने वाला स्वामी नहीं देख सकता, उसे वे भी जीवनभर अब नहीं देखेंगी और इसीलिए उन्होंने नेत्रों पर ये पट्टी बाँधी है।"

नेत्रों पर पट्टी बाँधकर स्वयं को नेत्रहीन बना लेने का ये तर्क मेरी समझ से बाहर था, मैंने यथाशक्ति इसका विरोध करने का प्रयास भी किया। प्रकाशमान नेत्र तो ईश्वरप्रदत्त अनमोल उपहार हैं, ईश्वर के दिये इस उपहार को इस प्रकार नकारना उचित नहीं है, बल्कि गान्धारी को तो धृतराष्ट्र के नेत्र बनने का प्रयास करना चाहिए... परन्तु हर बार की तरह मेरी बातों को विशेष महत्त्व नहीं दिया गया।

गान्धारी के साथ आये उसके भ्राता शकुनि का व्यक्तित्व बहुत रहस्यमय जान पड़ता था। शकुनि, हस्तिनापुर के प्रत्येक व्यक्ति को इस प्रकार देखता था मानो उसका निरीक्षण कर उसके हृदय के अन्दर की बातों को पढ़ रहा हो। देर–सवेर मुझे ये भी ज्ञात हो गया कि शकुनि को धृतराष्ट्र का विवाह–प्रस्ताव स्वीकार नहीं था, उसने इस प्रस्ताव का कड़ा विरोध भी किया था; यही नहीं, इसी विषय पर भीष्म और शकुनि के बीच शब्दों के बाण भी चले थे, परन्तु अन्ततः शकुनि के पास भीष्म का प्रस्ताव स्वीकार करने के अतिरिक्त कोई विकल्प नहीं था। एक माता के रूप में मैं धृतराष्ट्र के विवाह से अत्यनन्त प्रसन्न थी, लेकिन एक स्त्री के रूप में गान्धारी के मन की थाह नहीं ले पा रही थी।

गान्धारी और धृतराष्ट्र का विवाह सम्पन्न हो गया। धृतराष्ट्र पूरी तरह से आश्वस्त था कि शीघ्र ही उसका राज्याभिषेक भी किया जायेगा। बड़ा होने के नाते वह सिंहासन पर अपना नैसर्गिक अधिकार समझता था। उसे विश्वास था कि उसका अंधत्व राजमुकुट धारण करने में कोई बाधा नहीं बनेगा। समस्या ये थी कि धृतराष्ट्र के इस आत्मविश्वास का आधार उसकी स्वयं की योग्यता नहीं थी, बल्कि आयु में ज्येष्ठता और पाण्डु की अस्वस्थता के कारण उसने खुद को सिंहासन का एकमात्र दावेदार मान लिया था। मैंने कई बार धृतराष्ट्र को इस भ्रमजाल से बाहर लाने का प्रयत्न किया, लेकिन राजमद उस पर बाल्यकाल से ही हावी था। वास्तव में हस्तिनापुर का राजसिंहासन प्राप्त करने में तो उसकी रुचि थी, लेकिन राजा बनने के साथ आने वाले उत्तदायित्वों की ओर उसका ध्यान नहीं जाता था। अंधत्व के बावजूद सम्राट बनने की आभिलाषा पाले धृतराष्ट्र का बड़ा विचित्र तर्क था; वह कहता था–"राज्य को सामरिक रूप से सुरक्षित करने के लिए तातश्री भीष्म हैं ही, उनके रहते बाहरी शक्तियों में साहस

नहीं कि हस्तिनापुर की ओर आँख उठाकर भी देख सकें, रही बात राज्य की आन्तरिक व्यवस्थाओं की तो विदुर जैसे योग्य व्यक्ति के रहते हुए; इस सम्बन्ध में भी चिन्तित होने का कोई कारण नहीं है।" सिंहासन पर बैठना उसके लिए सत्ता के सूत्र और शक्ति प्राप्त करने तक सीमित था, प्रजापालन के उत्तरदायित्व, स्वच्छ प्रशासन और सुदृढ़ राष्ट्र के निर्माण जैसे विषयों पर वह कभी चर्चा भी नहीं करता था।

हस्तिनापुर के प्रशासन का पूरा दायित्व भीष्म ही सँभालते थे; विदुर के युवा होने के बाद भीष्म को उसका भी पूरा सहयोग मिल रहा था। विदुर काफ़ी संयमी और विनम्र युवक था। भीष्म का स्नेहपात्र तो वह था ही, अब भीष्म उसकी विद्वता और ज्ञान से भी काफ़ी प्रभावित थे। जल्द ही विदुर को हस्तिनापुर के प्रधानमन्त्री का दायित्व आधिकारिक रूप से सौंप दिया गया। राज्य संचालन में विदुर की कुशलता और उसकी वार्त्ता की प्रभावी शैली के कारण आसपास के राज्यों में भी उसकी कीर्ति फैलने लगी थी; विदुर को नीति और योजना के महाज्ञाता के रूप में पहचाना जाने लगा।

राज्याभिषेक होने से पहले ही धृतराष्ट्र स्वयं को सम्राट मानने लगा था। राजमाता और भीष्म के अतिरिक्त राजमहल के हर व्यक्ति से धृतराष्ट्र आदेशात्मक स्वर में बात किया करता था। विदुर से भी उसका व्यवहार किंचित शुष्क ही जान पड़ता था; वह विदुर को दासीपुत्र और स्वयं को राजपुत्र ही मानता था। मुझे हमेशा ये भय बना रहता था कि धृतराष्ट्र का व्यवहार और महत्त्वाकांक्षा उसके लिए दुःख व अवसाद का कारण न बन जाये। मेरे समझाने का प्रभाव उस पर नहीं के बराबर पड़ता था। इधर, पाण्डु के स्वास्थ्य में भी कुछ सुधार आने लगा था। पाण्डु का स्वभाव धृतराष्ट्र की अपेक्षा काफ़ी विनम्र था, ऐसे में विदुर और पाण्डु के बीच स्नेह और निकटता अधिक थी। पाण्डु के स्वास्थ्य सुधार से सभी अति प्रसन्न थे। राजमाता अब पाण्डु के विवाह की योजना बना रही थी। नेत्रहीन धृतराष्ट्र को ये सब जानकारी तो भली–भाँति थी, लेकिन उसके व्यवहार से कभी ऐसा लगा नहीं कि उसे इस सम्बन्ध में कोई शंका या चिन्ता हो। धृतराष्ट्र की महत्त्वाकांक्षा ऐसी थी, जिसमें वह फल तो पाना चाहता था, लेकिन फल प्राप्त करने के लिए कर्म करने में उसकी कोई रुचि नहीं थी।

अन्ततः वही हुआ जिसका मुझे भय था; हस्तिनापुर के भावी सम्राट के चयन की चर्चा के दौरान विदुर ने नीति की दुहाई देते हुए धृतराष्ट्र को सिंहासन के लिए अयोग्य कहा। अपनी बात के समर्थन में विदुर ने जो तर्क और कारण बताये वे अकाट्य थे। भीष्म और राजमाता भी विदुर के विचार से सहमत दिखाई दिये और देखते–ही देखते वह सिंहासन धृतराष्ट्र के हाथों से छिटक गया, जिस पर वह बाल्यकाल से ही अपना नैसर्गिक अधिकार मानता था। हस्तिनापुर के राजसिंहासन पर पाण्डु का बैठना निश्चित हो गया।

मुझे पीड़ा इस बात की नहीं थी कि मेरा पुत्र धृतराष्ट्र सम्राट नहीं बन सका था; विकलांगता और अति महत्त्वाकांक्षा में आकण्ठ डूबे धृतराष्ट्र को मैं स्वयं भी सम्राट पद के योग्य नहीं मानती थी; परन्तु धृतराष्ट्र मेरा पुत्र था, मुझे चिन्ता इस बात की थी कि धृतराष्ट्र इस परिस्थिति का सामना किस प्रकार करेगा। अतिमहत्त्वाकांक्षा के जिस शिखर पर वह जा पहुँचा था, वहाँ से गिरकर कहीं वह अवसाद की गहराइयों में न खो जाये। निराशा से घिरा धृतराष्ट्र अब सुरा और गणिकाओं में आनन्द तलाशने लगा। अपने पुत्र को गलत मार्ग पर जाने से रोकने की क्षमता मेरे पास नहीं थी।

पाण्डु का विवाह और राज्याभिषेक हुआ। समय का पहिया तेजी से घूमा। काफ़ी विकट परिस्थितियों में कौरवों और पाण्डवों का जन्म हुआ। पाण्डु और माद्री की असमय मुत्यु के पश्चात् हस्तिनापुर में कौरवों और पाण्डवों के बीच में सत्तासंघर्ष दिनों–दिन विकट होता जा रहा था। हस्तिनापुर का जो राजसिंहासन उत्तराधिकारी के न होने के कारण वर्षों रिक्त रहा था, उसके उत्तराधिकार की शत्रुता छोटे बालकों में भी दिखाई देने लगी थी। राजसिंहासन पर अपने वंशजों को बैठाने के लिए जीवनभर प्रपंच करने वाली राजमाता को भी सिंहासन के लिए भविष्य में होने वाला संघर्ष स्पष्ट दिखाई देने लगा था। पाण्डु और धृतराष्ट्र–पुत्रों में होने वाले दैनिक विवाद किसी बड़े अहित का संकेत देने लगे थे। राजमाता सत्यवती भी इस परिस्थिति के आगे विवश दिखाई देने लगी थी। मेरे स्मरण में हस्तिनापुर ने सुख और शान्ति का अनुभव तो कभी भी नहीं किया था, लेकिन अब तो अशान्ति दिनों–दिन बढ़ती ही जा रही थी।

कौरवों और पाण्डवों की बढ़ती कटुता के लिए कभी दुर्योधन को, कभी भीम को तो कभी शकुनि को उत्तरदायी ठहराया जा रहा था। राजमाता और भीष्म पूरा प्रयास कर भी परिस्थिति को सुधार नहीं पा रहे थे। सत्यवती इस सिंहासन पर अपने पुत्रों को बैठाना चाहती थीं, लेकिन न तो उसके दोनों पुत्र इसका उपभोग कर सके और उसका पौत्र पाण्डु भी अल्पायु में सिधार गया। अब इस सिंहासन के लिए राजमाता के प्रपौत्रों में रक्तिम संघर्ष पनपता स्पष्ट दिखाई दे रहा था।

संन्यास-आश्रम व देह त्याग

सत्यवती के वंश के लिए जिस सत्तासंघर्ष का आरम्भ उनके पिता दासराज ने किया था, वह अब अपने सबसे विकृत स्वरूप में प्रकट हो रहा था। सत्यवती की परेशानी ये थी कि सत्ता का ये संघर्ष भीष्म और उसके मध्य क़तई न था; भीष्म तो अपना नैसर्गिक अधिकार त्यागकर कभी का उसके ही पाले में खड़ा था। सत्तासंघर्ष के पक्ष में भी सत्यवती थी और विपक्ष में भी वो ही खड़ी थी। सम्राट शान्तनु की मृत्यु के पश्चात् चित्रांगद और विचित्रवीर्य जो सत्यवती के अपने रक्त थे, उनके सम्राट बनने में भीष्म ने कोई भी बाधा उत्पन्न नहीं की बल्कि पूर्णतः सहयोग ही किया, लेकिन फिर भी दोनों के भाग्य में राज्य का भोग नहीं था। नियोग से सन्तानोत्पत्ति में भी सत्यवती अपने मोह और लोलुपता को रोक नहीं पायी। वेदव्यास को नियोग के लिए नियुक्त करने के पीछे भी उसकी मंशा यही थी कि उसके पुत्र की औरस सन्तान सिंहासन पर बैठे... वैसा हुआ भी; पाण्डु हस्तिनापुर के सिंहासन पर बैठा भी, लेकिन चित्रांगद और विचित्रवीर्य की ही तरह उसे भी अल्पायु प्राप्त हुई। राजमाता सत्यवती के मन में ये बात घर कर गयी कि हस्तिनापुर का राजसिंहासन हत्यारा है, जो भी उस पर बैठता है वह काल के गाल में समा जाता है।

भीष्म, जो वास्तव में इस सिंहासन का उत्तराधिकारी था, उनसे सिंहासन त्यागकर स्वयं के प्राण बचा लिए और सत्यवती के पुत्र व पौत्र इस हत्यारे सिंहासन पर बैठकर असमय मर रहे हैं। राजमाता सत्यवती अपना मानसिक सन्तुलन खोती जा रही थीं, कभी वे भीष्म को अपना सबसे निकट और सबसे विश्वस्त मानती और कहती कि भीष्म सत्ता के मोह से सदा दूर रहने वाला सदाचारी है, तो कभी वह भीष्म को

षडयन्त्रकारी घोषित कर देती और कहती कि भीष्म ही इस राजपरिवार में लगा ग्रहण है और उसी के षडयंत्र से राजसिंहासन मौत का सिंहासन बन गया है।

राजमाता की ये अवस्था देखकर भीष्म ने वेदव्यास से हस्तिनापुर आने की प्रार्थना की। द्वैपायन हस्तिनापुर आये। हस्तिनापुर की परिस्थितियाँ अब किसी से छिपी नहीं थी। पाण्डु के पश्चात् धृतराष्ट्र कार्यकारी राजा बनाया गया था, परन्तु वह एक अयोग्य शासक सिद्ध हो रहा था, जिसके लिए राजसिंहासन का अर्थ केवल विलास और अपनी व्यक्तिगत महत्त्वाकांक्षाएँ पूरी करना था। धृतराष्ट्र का व्यक्तित्व उसकी पितामही की परछायी था। राजमाता ने जैसे अपने वंशबेल को सत्ता मिले, इस जिद में सबकुछ गंवा दिया था, ठीक वही प्रवृत्ति धृतराष्ट्र पर हावी थी। वह चाहता था कि सत्ता किसी भी क़ीमत पर उसके ज्येष्ठ पुत्र दुर्योधन को ही हस्तांतरित हो। ग़नीमत ये थी धृतराष्ट्र के अंधत्व के कारण सत्ता के कई सूत्र विदुर व भीष्म के हाथ में थे, यही वजह थी कि हस्तिनापुर का शासन–तन्त्र अब तक ध्वस्त नहीं हुआ था।

द्वैपायन ने हस्तिनापुर की परिस्थितियों, राजमाता सत्यवती की अवस्था को देखते हुए भीष्म से कहा–"माता सत्यवती के लिए बेहतर यही होगा कि वे अब मेरे साथ मेरे आश्रम में रहें; मेरे आश्रम में सभी साधकों को चिकित्सा विज्ञान का उचित ज्ञान है, वहाँ के खुले वातावण उनके स्वास्थ्य के लिए भी उचित रहेगा।"

भीष्म ने हाथ जोड़कर कहा–"महर्षि, आप राजमाता के कानीन पुत्र हैं, आप जैसा विद्वान यदि कुछ कह रहा है तो उचित ही कह रहा होगा, परन्तु क्या आपको नहीं लगता कि वर्षों से राजप्रासाद में रह रहीं राजमाता आश्रम में बिना सुविधाओं और सेविकाओं के किस प्रकार रह पायेंगी?"

वेदव्यास मुस्कराये–"क्यों भीष्म, क्या आपके लिए आश्रम का जीवन कष्टकारी रहा था? क्या गुरु परशुराम से या गंगातट पर स्थित आश्रम में आपको कोई कष्ट था?"

"नहीं महामुनि, आश्रम–जीवन मेरे लिए नया नहीं है, मेरे लिए वह कष्टकारी नहीं, बल्कि आनन्द का विषय है लेकिन।"

भीष्म की बात पूरी होने से पहले ही व्यास बोले–"लेकिन क्या गंगापुत्र? राजमाता रजोगुणी हैं इसलिए राजसी सुविधओं का त्याग उनके लिए कठिन है?"

भीष्म को ऐसा लगा कि उनकी चोरी पकड़ी गयी है; वास्तव में भीष्म के मन में यही आशंका थी जिसे वेदव्यास ने भाँप लिया।

वेदव्यास आगे बोले–"तुम्हारी आशंका निर्मूल नहीं है गंगापुत्र, राजमाता सत्यवती भले ही मेरी माता हैं, लेकिन इसमें कोई सन्देह नहीं कि उनमें रजोगुण की अधिकता है, यही कारण है कि उन्होंने हस्तिनापुर और कुरुवंश को अपनी तरह से चलाने का भरसक प्रयास किया है। लेकिन राजमाता की योजनाएँ विधाता को स्वीकार नहीं थीं। मनुष्य चाहे जो इच्छा करे, विधाता की इच्छा के आगे उसकी एक नहीं चलती। भीष्म, अब समय आ गया है कि राजमाता को अपने रजोगुण का त्याग करना ही पड़ेगा अन्यथा उसकी अवस्था और भी विकट हो सकती है; राजभवन में रहकर ये कभी सम्भव नहीं है; वैसे भी राजपरिवार की इस कथा में अब राजमाता की भूमिका शेष नहीं है, उचित होगा कि वे अपना अन्तिम समय आश्रम के सात्विक वातावरण में व्यतीत करें।

राजमाता और मेरे मध्य सम्बन्धों की निकटता कभी भी नहीं रही थी, लेकिन उनकी इस अवस्था को देखकर मुझे उनसे सहानुभूति हो रही है। इसमें कोई दो राय नहीं थी कि हस्तिनापुर राजप्रासाद की वायु अब दिनों–दिन विषाक्त होती जा रही थी और उसमें साँस लेना भी कठिन था, इसके अतिरिक्त वेदव्यास की वाणी में वह आकर्षण था, मानों वह किसी को भी इस परिस्थिति से उबार सकते हों।

मनुष्य पूरी तरह से परिस्थितियों के नियंत्रण में रहता है, स्थायी कुछ है ही नहीं। कई वर्ष पूर्व यही वेदव्यास जब नियोग के लिए नियुक्त पुरुष थे, तो इनके रूप की भयावहता मेरे डर का कारण थी और अब वेदव्यास की वाणी में वह जीवन–दर्शन नज़र आता है जो हमें सभी उलझनों से उबारकर शांति की राह पर ले जा सकता है। मैंने वेदव्यास से प्रश्न किया–"महामुनि, मैंने और अम्बालिका ने तो जिस दिन से हस्तिनापुर में प्रवेश किया, उसी दिन से हमारी भूमिका किसी निर्जीव वस्तु से अधिक नहीं है; क्या हस्तिनापुर के विषाक्त वातावरण से मुक्ति का अधिकार हमें नहीं मिल सकता?"

मेरे इस अप्रत्याशित प्रश्न को सुनकर भीष्म चकित होकर बोले–"तुम और अम्बालिका किस प्रकार महर्षि के साथ वनगमन कर सकती हो; पुत्री तुम्हें तो आश्रम जीवन का कोई अनुभव भी नहीं है, आश्रम के कष्ट तुम किस प्रकार सह सकती हो।"

वेदव्यास, भीष्म के निकट आये और स्नेह से उनके कंधे पर हाथ रखकर बोले–"गंगापुत्र, तुम्हारी आत्मा भी गंगा की ही तरह पवित्र है। तुम्हारे अन्दर शारीरिक और मानसिक कष्ट सहन करने की अपार क्षमता है; लेकिन ये क्षमता किसी दूसरे में नहीं है ऐसा तुम कैसे कह सकते हो। वास्तव में अम्बिका और अम्बालिका ने हस्तिनापुर में जो कष्ट सहे हैं उनकी कल्पना करना भी दुःखदाई है; प्रत्यक्ष या परोक्ष रूप से तुम और मैं भी इसके लिए उत्तरदायी हैं। आज अगर ये राजमहल त्यागकर आश्रम का जीवन व्यतीत करना चाहती हैं तो इसका इन्हें पूर्ण अधिकार है; जो मानसिक आघात इन दोनों ने सहन किये हैं उसके सामने आश्रम की भौतिक परेशानियाँ तो कुछ भी नहीं हैं।"

भीष्म बोले–"परन्तु महामुनि, धृतराष्ट्र नेत्रहीन है, उसे अपनी माता अम्बिका के मार्गदर्शन की आवश्यकता पड़ सकती है।"

भीष्म की बात सुनकर मेरे मुँह पर फीकी हँसी आ गयी, मैंने कहा–"मुझे नहीं लगता कि नये महाराज को किसी के भी परामर्श की आवश्यकता है, उन्हें शकुनि के रूप में एक योग्य परामर्शदाता मिल गया है।"

भीष्म के मुख पर परेशानी के भाव उभर आये। उन्होंने महामुनि से याचना की–"तो फिर महामुनि मुझे भी हस्तिनापुर से प्रयाण की अनुमति दीजिए, मन तो मेरा भी यहाँ नहीं रमता; गंगा के तट पर एक छोटी–सी कुटिया बनाकर रहना मेरे लिए कहीं आह्लादकारी होगा।"

वेदव्यास मुस्कुराये। उनकी मुस्कराहट ऐसी थी मानों उसमें कई रहस्य छिपे हों। व्यास ने कहा–"गंगापुत्र, अभी आपके लिए आनन्द का समय नहीं आया है, कदाचित् आपके लिए ईश्वर ने राजमाता, अम्बिका और अम्बालिका से कहीं कठिन भूमिका तय कर रखी हो; आप इस समय हस्तिनापुर छोड़कर जायेगे भी तो हस्तिनापुर आपको पुनः बुला लेगा, आप चाहें या न चाहें आपको उसके बुलाने पर आना भी पड़ेगा।"

भीष्म किंचिंत अधीर होकर हाथ जोड़कर बोले–"महर्षि आप त्रिकालदर्शी हैं, यदि आप जानते हैं कि भविष्य में क्या होने वाला तो कृपया बताये, इन रहस्यमय संकेतों से मैं कहीं भी नहीं पहुँच पा रहा हूँ।"

भीष्म के जुड़े हुए हाथों को पकड़कर महामुनि ने अत्यन्त अपनत्व से कहा–"त्रिकालदर्शी तो केवल परमपिता परमेश्वर है गंगापुत्र, केवल वही जानता है कि भविष्य के गर्त में क्या छिपा है, मुझ जैसे लोग तो कुछ आकाशीय गणनाएँ कर भविष्य के सम्बन्ध में अनुमान भर लगा सकते हैं। देवव्रत तुम्हारी सौतेली माता मेरी जन्मदात्री है, इस नाते से आप मेरे भ्राता लगते हैं; एक भ्राता के नाते मैं आपसे कहता हूँ कि भविष्य में क्या होना है इसे जानने का प्रयत्न कदापि न करें। हाँ अगर किसी अनिष्ट की आशंका दिखाई दे रही हो तो उसे टालने के लिए प्रयत्नों की पराकाष्ठा करें। इस समय यही आपका कर्त्तव्य है और इसे हस्तिनापुर में रहकर ही पूर्ण किया जा सकता है। "महामुनि ने स्पष्ट संकेत दे दिये थे कि आने वाले समय में हस्तिनापुर में जो कुछ भी घटित होने वाला था, उसे देख पाना कदाचित हमारे लिए सम्भव न होगा।

महामुनि की बात पूर्णतः सत्य प्रमाणिक हुई। हमारे हस्तिनापुर से प्रस्थान करने के पश्चात् हस्तिनापुर राज्य का विभाजन हुआ। राजसभा में द्यूतक्रीड़ा हुई। द्रौपदी का चीरहरण हुआ। पाण्डवों का वनवास हुआ और फिर महाविनाशकारी युद्ध हुआ। मैं स्वयं भले ही इन घटनाओं की साक्षी नहीं थी, लेकिन काल भूत, वर्तमान और भविष्य के हर एक क्षण का साक्षी होता है, काल के गर्भ में छिपी कई घटनाएँ इस लौकिक देह के माध्यम से भले ही ज्ञात न हो सकी हों, लेकिन एक बार देह के बन्धन से मुक्त हो जाने पर लगता है मानो हर घटना मेरे सामने ही तो घटित हुई है। जब तक ये नश्वर देह विद्यमान थी, मेरे आस–पास घटित होने वाली प्रत्येक घटना मेरे लिए सुखद या दुःखद होती थी; किसी बात पर प्रसन्नता होती थी। किसी बात पर दुःख भी होता था; लेकिन देह के बन्धनों से परे होकर ये जान सकी कि अच्छा या बुरा केवल मनुष्य का दृष्टिकोण होता है.जब तक मैं देह के बन्धन में बँधी थी मैं स्वयं को पीड़िता मानती रही; भीष्म व सत्यवती मेरे लिए अपराधी थे; लेकिन सम्यक दृष्टि से देखकर जान सकी कि वे भी मेरी ही तरह

ईश्वर के इस रंगमंच पर उनको दी गयी भूमिका का निर्वहन कर रहे थे। स्वयंवर–सभा से मेरा अपहरण हुआ, मुझे बलात् नियोग से गुज़रना पड़ा, मुझे पूर्णतः स्वस्थ नहीं, बल्कि नेत्रहीन पुत्र हुआ; ये मेरे जीवन के कुछ ऐसे अनुभव थे, जिसके कारण मैं स्वयं को पीड़िता और दुर्भाग्यशाली ही मानती रही; जीवन के बन्धन से मुक्त होकर जाना कि जिन्हें मैं इस पीड़ा के लिए उत्तरदायी मानती रही, उनका जीवन कदाचित् मुझसे भी अधिक कष्टकारी था। राजमाता सत्यवती के स्वभाव में रजस और तमस गुणों की अधिकता थी, परन्तु क्या जिस सुख के लिए वे जीवन भर संघर्ष करती रहीं वह वास्तविक रूप में उन्हें कभी प्राप्त हो सका..? जिस पाराशर से उन्हें प्रेम था, उसके प्रति वे कभी पूर्ण रूप से समर्पित नहीं हो सकीं। अपने पहले पुत्र द्वैपायन का भी उन्हें त्याग करना पड़ा। अपनी आयु से कहीं अधिक के महाराज शान्तनु की दूसरी पत्नी बनकर वे महारानी तो बन गयीं, लेकिन क्या इससे उन्हें वास्तविक सुख कभी प्राप्त हो सका? क्या हस्तिनापुर के वास्तविक व योग्य उत्तराधिकारी को सिंहासन से वंचित किये जाने के लिए वे स्वयं को दोषी नहीं मानती थीं? रजोगुण व तमोगुण की अधिकता के कारण सत्यवती ने भौतिक सुखों को पाने के लिए क्या–क्या यत्न नहीं किये, परन्तु उसके भाग्य में क्या आया; विचित्रवीर्य और चित्रांगद दोनों को ही सत्यवती राजसिंहासन के योग्य न बना सकीं। अपने दोनों पुत्रों की असमय मृत्यु को देखना माता सत्यवती का दुर्भाग्य था या उनके कृत्यों का दण्ड ये मैं नहीं कह सकती। कुरुक्षेत्र के रण में जब राजमाता सत्यवती के प्रपौत्र एक–दूसरे का लहू बहा रहे थे तो क्या उनके मन में ये विचार नहीं आया होगा कि महाभारत के बीज स्वयं उन्होंने ही बोये थे?

रही बात भीष्म की तो इसमें कोई सन्देह नहीं कि हमारे (मेरे, अम्बा और अम्बालिका के) दुर्भाग्य का आरम्भ स्वयंवर–स्थल से भीष्म द्वारा हमारे अपहरण से ही हुआ था। लेकिन अब तो भीष्म के प्रति दुर्भावना या क्रोध लेशमात्र भी नहीं था। ये सत्य है कि भीष्म हमारा अपहरणकर्ता था, लेकिन यह भी सत्य है कि भीष्म ने हमें सदैव ही निश्छल स्नेह दिया था, अब भीष्म पर क्रोध आने के स्थान पर उनसे सहानुभूति होने लगी थी। मैं, अम्बालिका और सत्यवती तो लौकिक जगत् व देहत्याग के पश्चात् असीम शान्ति पा चुके थे, लेकिन भीष्म के लिए अभी बहुत कुछ भोगना शेष था।

भीष्म का सतोगुण उनकी रजस और तामसिक प्रवृत्ति से कहीं अधिक शक्तिशाली था, कदाचित् यही कारण था कि उन्होंने पिता के सुख के लिए हस्तिनापुर जैसे शक्तिशाली राजसिंहासन को एक क्षण में ठोकर मार दी। आजीवन ब्रह्मचर्य का पालन करने वाले गंगापुत्र ने अपने तमस पर निश्चित ही विजय प्राप्त कर ली थी; क्षत्रिय और राजपुत्र होते हुए भी भीष्म ने अपना अधिकांश जीवन तपस्वियों की तरह ही जिया, परन्तु शान्ति उनके प्रारब्ध में नहीं थी। कहते हैं कि पिता शान्तनु ने भीष्म को इच्छा मृत्यु का वरदान दिया था, लेकिन लगता है कि ये वरदान ही बदलते समय के साथ गंगापुत्र के लिए श्राप बन गया था जो उन्हें देह के बन्धन से मुक्त नहीं होने दे रहा था।

भीष्म की ही तरह कोई और भी था जो देह के बन्धन से मुक्त नहीं हो पा रहा था, यहाँ तक कि देह त्यागने के बाद भी बन्धन ने उसे नहीं छोड़ा था... या फिर यों कहें कि कदाचित् उसी के कारण भीष्म के लिए भी देह के बन्धन से मुक्ति पाना सम्भव नहीं था। भीष्म ने अपहरण तो हम तीनों बहनों का किया था। भीष्म के सद्व्यवहार और स्नेह से मेरे और अम्बालिका के मन से भीष्म के लिए क्रोध व घृणा जाती रही, परन्तु अम्बा का प्रकरण भिन्न था; अम्बा के मन में भीष्म के प्रति असीम घृणा थी या फिर उनके लिए गहरी आसक्ति के साथ अम्बा ने देह का त्याग किया था ये एक अनुत्तरित प्रश्न था। जो भी हो, लेकिन मन में अधूरी इच्छा लिए, आत्महत्या करने वाले को भला मुक्ति कैसे मिल सकती थी; भीष्म और अम्बा की रहस्यमय कहानी का अन्त अभी शेष था। भीष्म से प्रतिशोध के संकल्प के साथ अम्बा ने अग्निस्नान किया था। इस अग्निस्नान से अम्बा की आत्मा को नश्वर देह से तो मुक्ति मिल गयी, लेकिन प्रतिशोध की प्राप्ति के लिए उसे अभी और जलना था।

अम्बा और शिखण्डी

पांचाल नरेश द्रुपद के घर में राजकुमार शिखण्डी का जन्म हो चुका था। शिखण्डी के सम्बन्ध में कई बातें रहस्यमयी थीं। पांचाल जैसे शक्तिशाली राजवंश का राजकुमार होने के पश्चात् भी दूसरे राज्यों में उसकी चर्चा कम ही होती थी। महाराज द्रुपद का पुत्र और द्रौपदी–धृष्टद्युम्न का भ्राता होने के पश्चात् भी एक राजकुमार के रूप में शिखण्डी अपनी पहचान बनाने में विफल रहा था; चर्चा ये भी थी कि दर्शाणराज की कन्या के साथ शिखण्डी का विवाह भी असफल रहा है। शिखण्डी की क़द–काठी और काया भी स्त्रियों के जैसी कोमल प्रतीत होती थी, ऐसे में उसके सम्बन्ध में विविध प्रकार के प्रलाप जनचर्चा का विषय बनते जा रहे थे। इन जनचर्चाओं में कितनी बातें कपोल–कल्पित थीं और कितनी सत्य, ये किसी को नहीं ज्ञात था। कोई कहता था कि राजकुमार शिखण्डी क्लीव, निर्वीर्य या नपुंसक हैं। कुछ लोगों का तो ये मानना था कि शिखण्डी वास्तव में पुरुष न होकर एक सम्पूर्ण स्त्री हैं। इन्हीं चर्चाओं के मध्य राजकुमार शिखण्ड़ी एकाएक पांचाल–राजप्रासाद से लापता हो गये। शिखण्ड़ी कहाँ गया इसका पता किसी को भी न चला। शिखण्डी तो पांचाल राज्य में नहीं था, परन्तु उसके सम्बन्ध में चर्चाएँ सम्पूर्ण आर्यावर्त में थीं। कोई कहता कि नपुंसकता से पीड़ित शिखण्डी ने आत्महत्या कर ली है, तो किसी का मानना था कि शिखण्डी किसी अज्ञात स्थान पर घोर तपस्या में लीन है। समय बीतता रहा और ऐसे ही कई वर्ष बीत गये; लोग राजकुमार शिखण्डी को भूलने लगे थे, ऐसे में शिखण्डी एक दिन अचानक पांचाल लौट आया। वर्षों पश्चात् लौटे शिखण्डी का नया रूप देखकर हर कोई भौंचक्का था। शिखण्डी का शरीर अब बदल चुका था;

उसकी स्त्रियोचित कोमलता अब कहीं दिखाई नहीं दे रही थी। ये चर्चा अब आम थी कि किसी पहुँचे हुए तपस्वी या यक्ष ने जटिल शल्य चिकित्सा कर शिखण्डी को सम्पूर्ण पुरुष बना दिया था।

इधर, कुरुक्षेत्र का रण सजता दिखाई दे रहा था। कौरवों और पाण्डवों में वैमनस्य दिनों–दिन बढ़ रहा था। कभी अभिन्न मित्र रहे द्रुपद और द्रोण की शत्रुता भी एक अलग ही स्तर पर पहुँच गयी थी। पांचाल और हस्तिनापुर में तो कई पीढ़ियों से अमैत्री चली ही आ रही थी। द्रुपद के पुत्र धृष्टद्युम्न ने अपने ही गुरु द्रोणाचार्य के वध की प्रतिज्ञा ली थी। वहीं द्रुपद का दूसरा पुत्र शिखण्डी, कुरुवृद्ध भीष्म की मृत्यु का कारण बनने की प्रतिज्ञा ले रहा था। सर्वविदित था कि स्त्री से पुरुष बना शिखण्डी, परशुराम–शिष्य भीष्म के सम्मुख कुछ क्षण भी नहीं ठहर सकेगा, ऐसे में शिखण्डी द्वारा भीष्म की मृत्यु का कारण बनने की प्रतिज्ञा समझ से परे थी। इसी के साथ आर्यावर्त में एक और कथा ने जन्म ले लिया; शिखण्डी के स्त्री से पुरुष बनने की कहानी को अब अम्बा से जोड़ा जाने लगा। चर्चा इस बात की थी अम्बा ने ही शिखण्डी के रूप में पुनर्जन्म लिया है, उसके जीवन का एकमात्र उद्देश्य है भीष्म की मृत्यु, कदाचित इसीलिए ईश्वर ने उसे स्त्री के रूप में पैदा कर अब पुरुषत्व प्रदान किया है।

कभी–कभी लगता है कि शाप और वरदान में अधिक अन्तर नहीं है। पुरानी कथा है किसी व्यक्ति ने वरदान माँगा कि जिस वस्तु स्पर्श करूँ वह सोना हो जाये, लेकिन ये वरदान ही उसके लिए शाप बन गया। वह अपने बच्चों को नहीं छू पा रहा था, भोजन तक ग्रहण नहीं कर पा रहा था। इसी प्रकार भीष्म के लिए इच्छा मृत्यु का वरदान शाप बन चुका था। एक सौ अस्सी वर्ष के इस वृद्ध को अपनी कुलवधू का वस्त्रहरण तक अपनी आँखों से देखना पड़ा था और ये सब देखने के बाद भी जीवित रहने के लिए विवश था।

अम्बा या फिर अम्बा के रूप में जन्मा शिखण्डी, भीष्म की मृत्यु का कारण बनने जा रहा था, परन्तु वास्तव में वह भीष्म के लिए अथाह पीड़ा के पश्चात् मुक्ति का मार्ग प्रशस्त करने जा रहा था, क्योंकि जिन परिस्थितियों में भीष्म फँसे थे, उसमें मृत्यु उनके लिए किसी पुरस्कार से कम नहीं थी।

महासमर के दसवें दिन शिखण्डी के पीछे खड़े अर्जुन के बाण भीष्म का शरीर छेद रहे थे। भीष्म पर बरस रहे इन बाणों के साथ कुछ प्रश्नों के बाण भी लगातार छूट रहे थे। प्रश्न था कि क्या अर्जुन के गाण्डीव से निकला हर एक बाण अम्बा का प्रतिशोध था? क्या भीष्म को काशीराज की कन्याओं के हरण का दण्ड मिल रहा है? क्या धृतराष्ट्र के साथ गान्धारी के विवाह के लिए दबाव बनाने वाले भीष्म को या द्रौपदी वस्त्रहरण के प्रसंग पर निष्क्रियता के लिए भीष्म को विधाता दण्डित कर रहे हैं? यदि ऐसा है तो उनके मुख पर वेदना, परन्तु नेत्रों में सन्तोष के भाव क्यों परिलक्षित हो रहे हैं? क्या उनके लिए जीवन, मृत्यु से कहीं अधिक कष्टकारी नहीं था? यदि ऐसा है तो अम्बा के प्रतिशोध को उनकी मुक्ति का माध्यम क्यों न कहा जाये? भगवान सूर्य के उत्तरायण में प्रवेश करते ही भीष्म ने अपने प्राणों का त्याग किया, इसके साथ ही अम्बा और भीष्म की कथा का भी अन्त हो गया।

कुरुक्षेत्र के इस महासमर के सहस्रों वर्ष पश्चात् भी मीमांसा जारी है कि महाविनाशी महायुद्ध के लिए उत्तरदायी कौन है? इस प्रश्न के उत्तर कई हैं; कोई इसके लिए दुर्योधन के हठ को उत्तरदायी मानता है, तो कोई शकुनि की कुटिलता को। धृतराष्ट्र की महत्त्वाकांक्षा और पुत्र–मोह भी इसके लिए दोषी माना जाता है। द्रौपदी द्वारा कर्ण व दुर्योधन के कथित अपमान को भी युद्ध का कारण मानने वालों की कमी नहीं है। लेकिन क्या इस फ़िहरिस्त/सूची में भीष्म की प्रतिज्ञा को सम्मिलित किया जा सकता है? क्या काशी–राजकन्याओं का उनकी इच्छा विरुद्ध अपहरण व नियोग पर इसका दोष नहीं है? विचार कीजिएगा।

❑❑